Pós-abolição e quotidiano

ex-escravos, ex-libertos e seus
descendentes em Campinas (1888-1926)

Pós-abolição e quotidiano

ex-escravos, ex-libertos e seus
descendentes em Campinas (1888-1926)

Kleber Antonio de Oliveira Amancio

Copyright© 2013 Kleber Antonio de Oliveira Amancio

Grafia atualizada segundo o Acordo Ortográfico da Língua Portuguesa de 1990, que entrou em vigor no Brasil em 2009.

Publishers: Joana Monteleone/Haroldo Ceravolo Sereza/Roberto Cosso
Edição: Joana Monteleone
Editor assistente: Vitor Rodrigo Donofrio Arruda
Projeto gráfico, capa e diagramação: Ana Lígia Martins
Imagem de capa: "Retrato de negro", de Artur Timóteo da Costa
Revisão: Leonardo J. Porto Passos
Assistente acadêmica: Danuza Vallim

Este livro foi publicado com o apoio da Fapesp

CIP-BRASIL. CATALOGAÇÃO NA PUBLICAÇÃO
SINDICATO NACIONAL DOS EDITORES DE LIVROS, RJ

A499p

Amancio, Kleber Antonio de Oliveira
PÓS-ABOLIÇÃO E QUOTIDIANO: EX-ESCRAVOS, EX-LIBERTOS E SEUS DESCENDENTES EM CAMPINAS (1888-1926)
Kleber Antonio de Oliveira Amancio. - 1. ed.
São Paulo: Alameda, 2013.
166 p.: il.; 21 cm.

Inclui bibliografia
ISBN 978-85-7939-233-7

1. Escravidão - História - Brasil - Século XIX. 2. Liberdade - Brasil - História. 3. Negros - Brasil. I. Título.

13-05571   CDD: 981.4
            CDU: 94(81)'1988/1926'

ALAMEDA CASA EDITORIAL
Rua Treze de Maio, 353 – Bela Vista
CEP: 01327-000 – São Paulo, SP
Tel.: (11) 3012-2403
www.alamedaeditorial.com.br

Sumário

Prefácio	7
Capítulo I – O palco, a(s) cidade(s)	25
I – Das justificativas	25
II – Da epígrafe	26
III – Da repressão	30
IV – Duas cidades	33
V – O palco	37
VI – Da habitação e do crescimento urbano	39
VII – Um caso	46
Capítulo II – "Pela pena e pela palavra"	57
I – País a organizar	58
II – Imprensa negra	63
III – *Ridendo castigat mores*	66
IV – Em torno de um projeto	71
V – Cartas d'um negro	75
VI – Dr. Abbot e o Brasil	78
Capítulo III – Sobre o 13 de maio e o não trabalho	83
I – Do mote	83
II – Os dias anteriores	85
III – Na imprensa	93
IV – Dos processos	98

V – Dos processos de vadiagem (I)	105
Tab. 3 – Processo por embriaguez e vadiagem, 1898-1910	106
VI – Da organização da força policial	107
VII – Sobre a vadiagem	109
VIII – Dos processos de vadiagem (II)	111
Capítulo IV – Honra, cor e vadiagem	119
I – Considerações Iniciais	119
II – Sobre as fontes	119
III – Da cor	121
IV – Caso I (Benedicta Maria da Conceição)	125
V – Sobre a honra	132
VI – Da vadiagem	134
VII – Caso II (Eva Maria da Conceição)	134
VIII – Caso III (Francisca Maria da Silva)	140
Anexo	145
Fontes	149
Bibliografia	153
Agradecimentos	163

Prefácio

A leitura deste livro mergulha o leitor numa das vertentes mais desafiadoras dessa frente do conhecimento contemporâneo voltada para a existência de uma pluralidade de sujeitos históricos, cada qual com direito a seus próprios processos de identificação e a seus próprios meios de expressão. Não se deixam falar por outros, nem se permitem serem representados pelo pensamento de um sujeito do conhecimento que se pretende central, universal e quase europeu, no dizer do autor. Demarca uma historiografia ciosa das diferenças, das especificidades e das singularidades dos processos históricos e portanto avessa a formas de pensamento que se pretendem hegemônicos e capazes através de seus supostos fundamentos universais, de ditarem as condições de interpretação das experiências históricas de personagens que consideram subalternos ou colonizados ou exóticos e bárbaros.

Kleber Antonio de Oliveira Amancio neste seu primeiro livro baseado em sua dissertação de mestrado estuda a experiência dos escravos que viveram a Abolição, em Campinas, entre os anos de 1890 e 1920 na firme intenção de desconstruir representações e estereótipos dos fenômenos que se seguiram a 1888 e que dominaram a historiografia durante mais de um século. Nesse sentido, rumou contra a história institucional, de formação do Estado, ou das elites dirigentes, certo de que perseguir a história de ex-escravos nos primeiros trinta anos de sua existência como cidadãos livres era optar por um caminho desconhecido e por vezes oculto dos próprios descendentes dos sujeitos que o trilharam. Enfrentou os desafios de desconstruir as representações consolidadas nos discursos de dominação acerca de preconceitos raciais, valores estereotipados relativos a gente de cor, sua suposta incapacidade para o trabalho livre, assim como desconstruir o discurso das teorias do higienismo e da medicina tropical, a suposta desorganização do seu viver em família, ou de entender como superstições o seu modo de viver suas religiosidades. Enfrentou vários embates ideológicos para visualizar sua presença na cidade de Campinas que era vista como burguesa e europeizada. Os seus territórios de moradia em Campinas, as suas possibilidades de sobreviver na cidade e ao mesmo tempo de cultivar a sua própria noção de trabalho de sobrevivência foram cada um desses temas abrindo um conceito diferente de urbanização.

Os homens, *pretos e vadios*, segundo as representações das elites e da imprensa tiveram que forjar caminhos próprios para garantir uma vida senão livre pelo menos ditada pelas suas próprias necessidades de autonomia. O historiador para tanto dispoz-se a extrair de suas fontes, processos criminais e jornais, o avesso do pensamento oficializado, o não dito, as entrelinhas, o implícito. Para tanto leu a contrapelo, desconstruindo pensamentos e certezas, juízos e valores preconceituosos acerca dos ex escravos que viam como gente perigosa e potencialmente criminosa, para reunir e coligir os vestigios ou restos do que os jornalistas e as autoridades deixavam escapar por descaso, por descuido e por desconhecimento.

Baseou-se no principio de que o conhecimento histórico assim como as ciências humanas em geral têm a ver com singularidades e especificidades em vez do pensamento abstrato ou universal. Procurou apurar a sensibilidade interpretativa de pormenores, minúcias e sua articulação com conjunturas de tempo e espaço específicos num ambiente, o de Campinas no período pós Abolição.

O historiador sobrepoz ao espaço urbano planejado por e para as elites, o das grandes avenidas, do teatro São Carlos e das residências de luxo, o espaço territorializado por ex escravos os quais, uma vez libertos, procuravam residir na cidade para fugir das fazendas, das senzalas e da vigilância dos feitores. Através da leitura das entrelinhas dos processos criminais, elaborou um quadro interpretativo do que descobria ali oculto ou implícito. Pondo de lado as linhas gerais de pensamento dos juristas, reuniu dentre os depoimentos das testemunhas detalhes, pormenores, mínimas sugestões de modos de sobrevivência e de sociabilidade dos ex-escravos. Perseguiu a dialética do confronto de minúcias para configurar sentidos de vida, intenções de sujeitos históricos recém saídos de um processo violento de dominação, que os reduziu durante séculos a seres destituídos de direitos de circulação e de opções de vida e do que eles entendiam como trabalho de sobrevivência próprio e não o trabalho ditado pelas autoridades e por ex-proprietários.

Homens e mulheres recém libertos tiveram que forjar seus próprios caminhos para garantir uma vida senão livre pelo menos ditada pelas suas próprias necessidades de autonomia. As primeiras décadas após a Abolição marcaram anos de luta e de enfrentamento de tentativas de prolongar o trabalho escravo. Kleber abriu com este livro uma frente critica de interpretação ideologica sutil e árdua. Debateu-se com o conceito de trabalho das autoridades e das elites definido pela lei contra a vadiagem decretada em 1890 e que pretendia forçar os libertos a ter um endereço e um trabalho fixo. O historiador para tanto dispôs-se a extrair de suas fontes, processos criminais e jornais, o avesso do pensamento oficial afim de trabalhar a existência concreta e quotidiana dos noticiados, dos réus e depoentes que figuravam nas fontes quase sem voz e sem opinião própria.

Atraves de um exercício sutil de interpretação de indícios coligidos da leitura de um processo de roubo de café numa fazenda descreveu o perfil do ex escravo acusado do roubo. Morava no centro de Campinas e viera prestar serviço a um colono da fazenda(48). O historiador pode devolver um pouco do modo como se entendia inocente do crime de que estava sendo acusado.

Através desta mesma leitura a contrapelo, de um outro processo envolvendo o roubo de uma leitoa que pertencia a uma família de colonos italianos, o autor descreve sutilmente a casa de uma família de ex escravos e documenta a sua prestação de serviços na fazenda, de maneira a conduzir os leitores a entender as relações de vizinhança tensas,que mantinham com os viznhos imigrantes e as suas relações de trabalho cheias de conflito com o administrador que ainda não se adaptara aos novos tempos pós abolição(96-7).

Na cidade, homens e mulheres ex escravos moravam juntos em cortiços ou pequenos quartos alugados. Ciosos de manter uma autonomia recém- conquistada mudavam frequentemente de endereço e de trabalho. Era o seu modo de construir uma vida nova e de procurar seus direitos de cidadania. Os processos criminais reunidos pelo historiador indicavam que moravam em locais mal vistos pelas autoridades e pouco valorizados pelos negociantes de imóveis. Assim os descreve morando e circulando pelo largo do Jumberal, pela rua do Caracol e na rua da Conceição em frente ao teatro de revistas Rink.(28,128) Procuravam atender a demandas específicas de serviços temporários e porisso viviam errantes, circulando entre as fazendas ou lojas decomercio, prestando serviços sempre temporários de roçar, de pedreiros, para tratar dos animais, ou como carroceiros. Estes hábitos os envolviam frequentemente em processos de vadiagem, esmiuçados pelo historiador num escrutínio sutil de nuanças da lei opressora expressamente feita contra os recém libertos sobre os quais implementavam a ideologia do trabalho burguês, o que os levava a interpretar como vadiagem o costume do trabalho temporário voltado para garantir apenas o essencial para a sua sobrevivência.

Baseou-se no principio de que o conhecimento histórico assim como as ciências humanas em geral tem a ver com singularidades e especificidades mais do que com fundamentos racionais e genéricos. Escolheu como fontes a imprensa e os processos criminais decidido a fazer uma leitura a contrapelo e a desconstruir a ideologia de dominação sempre presente em qualquer artigo de jornal ou nos processos crimes. Procurou apurar a sensibilidade interpretativa de pormenores, minúcias no modo como se articulavam com conjunturas de tempo e espaço específicos num ambiente, o de Campinas no período que se seguiu imediatamente ao fim da escravidão. Deixou expllcito o seu interesse por interpretar pequenas historias de vida (33,112), casos do quotidiano e situações especificas de conflito e desentendimento, (48,76). A sua leitura critica de fontes comprometidas com a ideologia das elites visou resgatar indícios do quotidiano, de questões concretas do dia a dia, reveladoras do profundo desentendimento das autoridades com relação aos sujeitos históricos que procuravam uma inserção no trabalho livre e na cidadania urbana.

Seus personagens são os *pretos e vadios* inseridos no seu próprio costume e na sua própria vontade de inserção social e de autonomia. O historiador documenta cuidadosamente o quanto frequentemente os jornalistas continuavam após a Abolição a se referirem a eles como escravos e às mulheres como *libertas* (113)ou *alugadas(119)*, termo usado naquela epoca para indicar as empregadas domesticas. Dedicou um capitulo ao estudo dos preconceitos machistas herdados da escravidão e a frequência dos crimes de estupro e de defloramento, através dos quais aprofundou o a compreensão histórica do modo como as trabalhadoras negras eram tidas como objeto sexual dos patrões, ex proprietários, em depoimentos prestados por testemunhas brancas, na policia e na justiça; mostra como em sucessivos processos processos criminais, tanto pequenos funcionários públicos como empregados no *comercio* ou mesmo os próprios escrivães da *policia*,demonstravam reiteradamente o seu desrespeito sexista sempre agravava pelo mais revoltante preconceito racial.

No seu estilo certeiro, contido e quem sabe por vezes um tanto lacônico, aborda com precisão os aspectos mais contundentes para logo em seguida deixar o leitor ávido por mais historias de vida e de costumes. Sobre a cor tal como era referida nos documentos que leu o historiador nos oferece uma passagem impressionantemente sintética e sutil. A cor preta aparecia frequentemente como um marcador social alem de ser um adjetivo amplamente usado como substantivo(38,92) e sempre com intenção pejorativa.No processo de defloramento da jovem Maria das Dores a sua cor muda constantemente conforme a formação do processo. As autoridades inicialmente se referem a ela como uma jovem parda. O acusado do crime com violência a descreve como uma preta. O medico legista que provavelmente nada sabia sobre o processo diante do seu corpo nu a descreve como uma moça branca.

O historiador exímio interprete das nuanças das muitas lutas enfrentadas por homens e mulheres negros nas décadas que se seguiram a Abolição tece um comentário que nos revela seu estilo de escrever muito sóbrio e sobretudo sutil e denso: *Os ânimos acirrados de lado a lado trazem à tona diferentes concepções sobre o ordenamento do mundo. Essa história nos permite avaliar quão complexa é essa categoria (a cor da pele), tem a ver com os traços físicos aparentes, mas também com posição na sociedade. Mais do que um adjetivo, é um marcador social, indicativo da qualidade do sujeito em questão enquanto cidadão(38).* È o que este livro nos traz como abordagem critica e como historia social densa e sutilmente documentada sobre um período que ainda espera outros obras do mesmo teor interpretativo para ser melhor conhecido.

Sede antiga da Fazenda Cachoeira, Arceburgo, 28 de março de 2015
Maria Odila Leite da Silva Dias
Professora titular aposentada de Historia do Brasil e
Professora Emérita da Faculdade de Filosofia da USP

Introdução

Eu gosto de catar o mínimo e o escondido. Onde ninguém mete o nariz, aí entra o meu, com a curiosidade estreita e aguda que descobre o encoberto. [...] A vantagem dos míopes é enxergar onde as grandes vistas não pegam.

Machado de Assis

A hipótese de que a história da opressão exercida por um grupo sobre outro deve investigar, exclusivamente, os estratagemas perpetuadores dessa situação, elaborados pelas classes dominantes, acorda com o silêncio imposto aos oprimidos, transformando-os em não sujeitos. A reconstrução da história de pessoas comuns e de suas estratégias de enfrentamento com a vida tem se mostrado um antídoto eficaz para conter esse tipo de distorção. Desde que passaram a se interessar por essas questões, os historiadores encontram dificuldades em localizar fontes que convenham a esse desígnio, sobretudo aquelas em que a informação apareça de maneira explícita. Os sujeitos oprimidos, a princípio, raramente dispõem de meios materiais para atestar suas respectivas existências. Diante disso, a solução mais engenhosa tem sido a exploração de documentos cujo propósito, no momento de sua feitura, fosse o registro de outros aspectos da realidade; pois tantos outros, mesmo que a revelia, foram plasmados nesse processo. Por sinal, sua inscrição na realidade é justamente o que confere sentido histórico aos embates de seu tempo, logo, cabe ao historiador "esmiuçar o implícito".[1]

O presente trabalho visa conferir visibilidade histórica, recuperar os papéis sociais forjados quotidianamente por ex--escravos, ex-libertos e seus descendentes da Campinas do pós--abolição, entre a lei áurea e as primeiras décadas do século xx.

A ênfase nas políticas segregacionistas do Estado brasileiro, embora nos ajude a visualizar temas como o racismo e o preconceito, retira o foco desses sujeitos oprimidos e, por conseguinte, seus esforços para obterem o protagonismo de suas próprias vidas. Expor, a partir de uma análise das coisas banais, como essas personagens interpretavam o mundo ao seu redor; apreender, por meio de indícios, formas alternativas de vivenciar essa nova (?) situação, é meu principal intento.

As fontes fundamentais, sem as quais esse trabalho não se susteria, foram os processos judiciais e a imprensa. Os processos acontecem na tentativa de resolução de um conflito sob orientação do Estado, pressupõem, no mínimo, um réu e um reclamante. Sua confecção é cercada de eventualidades, que me desencorajaram ao tratamento serial. Já os jornais, no caso aqui estudado, ao menos, são registros ensimesmados do desejo de intervenção política na realidade, objetivando sua transformação.[2] A opção

---

1 DIAS, Maria Odila Leite da Silva. *Quotidiano e poder em São Paulo no século XIX*, 2ª ed. São Paulo: Brasiliense, 1995, p. 14.

2 Como veremos com mais vagar no Capítulo II, refiro-me àquele tipo de imprensa que se convencionou chamar de "imprensa negra".

pela investigação qualitativa oferece ganhos que convergem para o tipo de problema histórico que pretendo experimentar. Esse estudo não possui pretensões totalizantes. É pesquisa sobre um micro cosmo, e como tal, possui ganhos e perdas.[3] Além disso, sendo o Brasil um país com uma dinâmica histórica, econômica e social deveras complexa, seria redutor e ingênuo generalizar uma experiência para o todo. Ao mesmo tempo, o gesto de olhar para o singular é também uma forma de alcançar feições mais gerais, de uma maneira que talvez não fosse possível noutro tipo de abordagem.

A corrente historiografia do período pós-abolição oferece-nos um ambiente favorável a essa incursão, posto que novas pesquisas surjem frequentemente, confirmando a complexidade do tema e firmando o pós-abolição como um campo de estudos autônomo. Pesquisas circunscritas a aspectos mais gerais, relacionados à estruturação da economia, têm cedido espaço a discussões sobre as estratégias que esta parcela da população, eventualmente, adotou objetivando a integração social.[4] São trabalhos sobre São Paulo, Rio de Janeiro, assim como a respeito de regiões outrora pouco exploradas pela bibliografia, como a Zona da Mata Mineira, o Rio Grande do Sul e o Recôncavo Baiano.[5] Esses novos

---

3   Cf. LEVI, Giovani. *"Un problema discala"*. In: BOLOGNA, Sergio (et. al). *Dieci interventi sulla Storia Sociale*. Turim: Rosenberg & Sellier, 1981, p. 75-81.

4   Sobre essa historiografia anterior, temos a avaliação de Silvia Hunold Lara. Segundo a autora: "(...) apoiada em explicações economicistas ou em dados demográficos, a literatura sobre a transição não conseguiu, até hoje, dar foros de cidadania a milhares de homens e mulheres de pele escura que constituíram suas vidas sob o signo da escravidão e, principalmente, de uma liberdade que, embora conquistada, nunca conseguiu ser completa." Cf. LARA, Silvia Hunold. "Escravidão, Cidadania e História do Trabalho no Brasil". In: *Projeto História*. São Paulo, n° 16, fev. 1998, p. 25-38.

5   Cf., entre muitos outros: MATTOS, Hebe Maria. "Laços de família e direitos no final da escravidão". In: ALENCASTRO, Luiz Felipe de (org.). *História da vida*

estudos privilegiam um enfoque que incide sobre dois campos centrais: contar o cotidiano da marginalização, que se dava através das mais variadas políticas de dominação conscientemente projetadas (embora às vezes apareçam de forma dissimulada), e as múltiplas estratégias de sobrevivência (tanto discursivas quanto simbólicas) que as pessoas negras adotavam na querela por terem suas cidadanias reconhecidas.[6] Plurais foram as escolhas políticas desses sujeitos. Neste livro apresentarei algumas, sem a pretensão e a ilusão de que as esgotarei.

O debate atual visa compreender as relações entre o processo de emancipação escrava e o seu destino nas antigas sociedades escravistas.[7] Questiona como ex-escravos, ex-libertos e seus descendentes, pessoas marginalizadas e desclassificadas

---

privada no Brasil. Vol 2. Império: a corte e a modernidade nacional. São Paulo, Companhia das Letras, 1997; ANDREWS, George Reid. Negros e Brancos em São Paulo: 1888 - 1988. Bauru, Edusc, 1998; FRAGA FILHO, Walter. Encruzilhadas da liberdade: histórias de escravos e libertos na Bahia (1870-1910). Campinas, Editora da Unicamp, 2006; MARTINS, Robson Luís Machado. Os caminhos da liberdade - Abolicionista, escravos e senhores na Província do Espírito Santo (1884-1888). Campinas, Área de Publicações/Centro de Memória Unicamp, 2005; ALBUQUERQUE, Wlamyra Ribeiro de. Algazarra nas ruas: comemorações da independência na Bahia (1889-1923). Campinas, Editora da Unicamp, 1999; WEIMER, Rodrigo de Azevedo. Os nomes da liberdade: experiências de autonomia e práticas de nomeação em um município da serra rio-grandense nas duas últimas décadas do século XIX. Dissertação (Mestrado em História), UFRGS, Porto Alegres, 2007.

6   Sobre esse debate cf: CUNHA, Olívia Maria Gomes da.& GOMES, Flávio dos Santos. "Introdução - Que cidadão? Retóricas da igualdade, cotidiano da diferença". In CUNHA, Olívia Maria Gomes da.& GOMES, Flávio dos Santos (org.). Quase-cidadão: histórias e antropologias da pós-emancipação no Brasil. Rio de Janeiro, Editora FGV, 2007, p. 7-19.

7   RIOS, Ana Lugão; MATTOS, Hebe Maria. Memórias do Cativeiro: Família, trabalho e cidadania no pós-abolição. Rio de Janeiro: Civilização Brasileira, 2005.

socialmente, locomoviam-se nessa sociedade apesar do preconceito e do racismo.[8] A formação desta bibliografia se tornou possível pelos avanços dos estudos sobre a escravidão no mundo atlântico,[9] assim como pelo aprofundamento do entendimento de uma questão em especifico: a busca por compreender os múltiplos

8 Nas palavras de Robert Slenes: "É importante frisar que os novos estudos não amenizam nossa visão dos horrores da escravidão, nem procuram fazer isso. Apenas devolvem ao escravismo sua "historicidade" como sistemas construídos por agentes sociais múltiplos, entre eles senhores e escravos." Cf. SLENES, Robert Wayne Andrew. *Na Senzala uma flor*: esperanças e recordações na formação da família escrava — Brasil Sudeste, século XIX. Rio de Janeiro: Nova Fronteira, 1999.

9 A partir desses estudos, os trabalhos que seguiram sobre as classes trabalhadoras ganharam novos estímulos e significados. Estabeleceu-se uma crítica à maneira como a bibliografia sobre o tema representava os trabalhadores e suas experiências na história, isto é, uma tendência a enxergar-los apenas nos movimentos políticos organizados. Uma historiografia atenta à experiência dos trabalhadores e grupos socialmente marginalizados, pautada por problemas que ultrapassavam a ideia mais geral da questão da constituição da classe e suas formas de luta. Reconhecem que havia uma pluralidade de sujeitos políticos na sociedade, cada qual atuando à sua maneira, de acordo com suas próprias necessidades, escolhas e possibilidades para atingir objetivos que lhes eram de primeira ordem. Doravante passaram a ser percebidos como mais ativos e sutis do que se imaginava até então. Cf., por exemplo: DIAS, Maria Odila Leite da Silva. *Quotidiano e poder*. Op. cit.; CHALHOUB, Sidney. *Visões da Liberdade*. Uma história das últimas décadas da escravidão na Corte. São Paulo: Companhia das Letras, 1990; REIS, João José. *Rebelião Escrava no Brasil*: A História do Levante dos Malês, 1835. São Paulo: Brasiliense, 1987; MENDONÇA, Joseli Maria Nunes. *Entre a mão e os anéis*: a lei dos sexagenários e os caminhos da abolição no Brasil. Campinas: Editora da Unicamp, 1999; WISSENBACH, Maria Cristina Cortez. *Sonhos Africanos, Vivências Ladinas*: escravos e forros em São Paulo (1850-1880). São Paulo: Hucitec/USP, 1998; MACHADO, Maria Helena Pereira de Toledo. *O plano e o pânico*, os movimentos sociais na década da abolição. Rio de Janeiro, Editora UFRJ; São Paulo: Edusp, 1994; AZEVEDO, Célia Marinho. *Onda Negra, Medo Branco*: O negro no imaginário das elites. Rio de Janeiro: Paz e Terra, 1987.

sentidos que a liberdade teve para os mais diferentes sujeitos nos diversos contextos e temporalidades do pós-abolição. O simples reconhecimento de serem várias as respostas possíveis revela-nos o alto nível de complexidade e conhecimento gerado a partir de novas perguntas, métodos de pesquisa e intercâmbio de bibliografia internacional.

São Paulo sempre esteve na esteira desses estudos, sobretudo daqueles que se ocuparam de uma perspectiva sociocultural em detrimento do econômico.[10] Florestan Fernandes, Roger Bastide, George Reid Andrews, Maria Helena Pereira de Toledo Machado, Cleber da Silva Maciel, Livia Maria Tíede, Rodrigo Miranda e André Cortez de Oliveira são alguns exemplos.[11]

Florestan Fernandes é autor do estudo inaugural do pós--abolição no Brasil.[12] Em seu épico *A Integração do Negro na So-*

---

10 RIOS, Ana Maria & MATTOS, Hebe Maria. "A pós-abolição como problema histórico: balanços e perspectivas". In: *Topoi*. Rio de Janeiro, vol. 5, n° 8, jan.--jun., 2004, p. 170-198.

11 Cf. FERNANDES, Florestan. *A integração do negro na sociedade de classes*, vol. I - Uma interpretação sociológica, 5ª ed. São Paulo: Editora Globo, 2008. [1ª ed. 1964]; BASTIDE, Roger; FERNANDES, Florestan. *Brancos e Negros em São Paulo*, 4ª ed. São Paulo, Global Editora, 2008. [1ª ed. 1955]; ANDREWS, George Reid. *Negros e Brancos em São Paulo. Op. cit.*; MACHADO, Maria Helena Pereira de Toledo. *O Plano e o pânico. Op. cit.* MACIEL, Cleber. *Discriminações raciais*: negros em Campinas 1888-1926. Campinas: Área de publicações/ Centro de memória Unicamp, 1996; TÍEDE, Lívia Maria. *Sob suspeita, negros, pretos e homens de cor em São Paulo no início do século XX.* Dissertação (Mestrado em História), Departamento de História, IFCH-Unicamp, 2006; MIRANDA, Rodrigo. Um Caminho de Suor e letras: A militância negra em Campinas e a construção de uma comunidade Imaginada nas páginas do Getulino (Campinas, 1923-1926). Dissertação de Mestrado em História. IFCH-Unicamp, Campinas, 2005; OLIVEIRA, *André Côrtes*. Quem é a "gente negra nacional"?: *Frente Negra Brasileira e a Voz da Raça* (1933-1937). Dissertação de Mestrado em História. IFCH-Unicamp, Campinas, 2006.

12 Cf. FERNANDES, Florestan. *Op. cit.*

ciedade de Classes, vemos uma combinação de pesquisa histórica aliada à análise sociológica. Em certa medida, essa obra é uma forma de reação à ideia de democracia racial forjada por Gilberto Freyre. Fernandes, muito provavelmente, é o primeiro a reconhecer que os negros tiveram participação ativa no 13 de maio, a perceber que enxergavam nisso uma conquista, a conquista promovida pela "revolução abolicionista".[13]

Esta mudança no modo de conceber o processo escravista possibilitou que a literatura hodierna chegasse a novos paradigmas.[14] Contudo, sua interpretação envereda por um caminho que questiona a racionalidade e o entendimento das ações praticadas pelos sujeitos marginalizados. Em dado momento, chega a transcrever os anseios de um escravo, cita a passagem que se segue numa nota de rodapé:

> Um dia, faz 8 anos, estávamos no escritório de Luís Gama, onde também viera um preto fugido apresentar pecúlio e pedir para a sua libertação o auxilio nunca negado daquele outro preto de coração de ouro. Com pouco, a convite de Luís Gama chegou o senhor do escravo, de quem Luís era amigo. Ao ver o seu negro: – Que mal te fiz eu, rapaz? – diz o

---

13 A percepção da agência dos sujeitos oprimidos aparece pela primeira vez, para o caso americano, em Eugene Genovese, contudo, noutra perspectiva da assumida pelo sociólogo brasileiro. Cf. GENOVESE, Eugene Dominic. *Roll Jordan Roll* (The World the Slaves Made). Nova York: Pantheon Books, 1974. Fernandes chega a afirmar que: "A participação do negro no processo revolucionário chegou a ser atuante, intensa e decisiva, principalmente a partir da fase em que a luta contra a escravidão assumiu feição especialmente abolicionista". Cf. FERNANDES, Florestan. *Op. cit.*, p. 30.

14 Sobre o processo crime, especificamente, o primeiro trabalho a utilizá-lo como fonte de análise sistemática foi o de Maria Sylvia de Carvalho Franco. Cf. FRANCO, Maria Sylvia de Carvalho. *Homens livres na ordem escravocrata*. São Paulo, IEB, 1969.

> senhor. – Pois não tem boa cama e boa mesa, roupa e dinheiro? Queres então deixar o cativeiro de um senhor bom como eu, para ires ser infeliz noutra parte? Que te falta lá em casa? Anda! Fala!
> E o negro, ofegante cabisbaixo, calava-se.
> – Falta-lhe – responde gracejando Luís Gama, dando uma palmada de amigo no homem de sua cor –, falta-lhe a *liberdade de ser infeliz onde e como queira*...

O texto é de autoria de Ezequiel Freire, e foi publicado no jornal *A Província*, em 1887.[15] A interpretação de Fernandes acerta que essa espécie de aspiração era um erro. Sua concretização foi aquilo que Rui Barbosa chamou de "ironia atroz".[16]

Para Fernandes, a questão central reside na demonstração de que, devido às moléstias ocasionadas pelo sistema escravocrata, negros e mulatos sofreram com um processo coercitivo que os impedia de se integrar nesta nova sociedade capitalista. Com isso os negros não estavam em condições de igualdade com os imigrantes europeus. Esses últimos, sim, já afeitos à lógica capitalista. Justamente por essa nefasta herança do período escravista é que os negros ficaram à margem.[17] A "irracionalidade" dos negros e dos mulatos, entre as décadas finais do século XIX e princípio do XX, se manifestou no seu comportamento diante de sua nova condição. Isso legitimou a exclusão desses do mercado de trabalho livre, posto que o branco contratasse os trabalhadores por sua mentalidade "puramente" mercantil.[18] Como consequ-

---

15 FERNANDES, Florestan. *Op. cit.*, p. 31.
16 *Idem*, p. 30.
17 Como aponta George Reid Andrews, Fernandes inverte a interpretação de Freyre. Fernandes e seus seguidores veem a herança da escravidão como negativa, ao passo que para o último, esta é positiva. Cf. ANDREWS, George Reid. *Op. cit.* p. 31.
18 FERNANDES, Florestan. *Op. cit.*

ência, "(...) o negro ficou à margem do processo, retirando dele proveitos personalizados, secundários e ocasionais".[19]

É justamente sobre essas questões, que Fernandes qualifica por "secundárias e ocasionais", que esse livro se debruçará. Mais do que investigar os diversos sentidos atribuídos à liberdade, quais os limites dessa liberdade, dessa cidadania fictícia? Saber como os protagonistas desse livro lidavam com suas batalhas ordinárias, justamente para garantir o exercício dessa liberdade, é o que tenciono abordar.

---

19   Idem, p. 34.

Capítulo I
O palco, a(s) cidades(s)

> Quem tiver de ir pra Campinas,
> Leve contas pra rezar,
> É Campinas purgatório,
> Onde as almas vão penar...
>
> *Tio Chiquinho*[1]

I – Das justificativas

Quando me pus a redigir este texto, questionei-me se seria mais apropriado iniciá-lo com a apresentação do espaço onde se passa a maior parte da ação, ou dá-lo a conhecer no decorrer da narrativa, em gotas. A última opção me pareceu (e ainda me parece) estilisticamente mais atraente; todavia, a ausência de uma introdução ao assunto forçaria o autor a realizar longas digressões, que além de maçantes (tanto para aquele que escreve quanto para o leitor), dissolveriam o ritmo da história. Posto isso, a feitura do presente capítulo se fez imperativa.

Sendo esta pesquisa fundamentada naquilo que é particular, quotidiano e rasteiro, forçoso foi eleger um espaço específico,

---
[1] *O Getulino*, n°22.

apropriado à exploração dos problemas a que, por ora, proponho debruçar-me. Decidi-me por Campinas, e suponho que a própria narrativa deste trabalho tratará de esclarecer sua escolha. Contudo, estimo que seja conveniente destacar que essa cidade foi um importante polo escravista durante o século XIX, lugar de intenso conflito e negociação entre senhores e escravos nas décadas finais do cativeiro no país.[2] Isso, por si só, pareceu-me motivo satisfatório para investigar como se desenvolveu a dinâmica social nesse ambiente no período pós-abolição. Entendo ser razoável imaginar que uma cidade que foi palco de uma disputa política dessa magnitude, e de uma maneira tão latente, traria questões de suma relevância para a discussão do período pós-abolição no Brasil.

Cumpre especificar que neste capítulo atentaremos a como Campinas se apresentava aos seus habitantes, ou ainda, sendo mais preciso, ocupar-nos-emos dos aspectos e os pontos de vista concernentes aos sujeitos protagonistas deste livro, isto é, as pessoas negras, aqueles que aparecem no título deste trabalho. Explorar as relações que esses sujeitos teciam com a cidade, com os espaços (não exclusivamente físicos), assim como com os demais grupos constituintes dessa sociedade, é o que me inspira interesse; conhecer seus anseios e intenções é a motivação que dita a composição desta investigação.

II – Da epígrafe

Conhecidos os motivos que viabilizaram a escrita do presente capítulo, passemos à história propriamente dita. Peço ao leitor que, caso não tenha atentado à epígrafe, o faça, pois a to-

---

[2] Cf. PIROLA, Ricardo Figueiredo. *A conspiração escrava de Campinas, 1832*: rebelião, etnicidade e família. Dissertação de Mestrado em História. IFCH-Unicamp, Campinas, 2005.

marei por ponto de partida. Ela nos ajudará a entender a importância de Campinas nesse contexto e, ao mesmo tempo, justificará o presente estudo.

Esses versos saíram da boca de um ex-escravo conhecido por Tio Chiquinho, na ocasião de uma entrevista concedida ao *O Getulino*, na década de 1920. Embora breves, essas linhas encerram diversas questões de relevo. Por conta disso, proponho a digressão que se segue.

Se o leitor é dado ao gênero melancólico, da leitura dos ditos versos, inventa que Campinas é cidade intensa e ameaçadora, escassa de gente e de sangue para o trabalho; trabalho esse que, ao que aparenta, estava longe de ser ofício leve. Como é sabido, recrutar-se-iam centenas e, mais adiante, milhares de escravos oriundos de regiões outras para ocuparem os novos postos na lavoura, haja vista que a expansão do café só fazia crescer.[3] Documentam, assim, uma história da opressão, carregada de emoção, sentimento e injustiça.

Suponhamos, porém, que o leitor não é dado a estes devaneios e melancolias. Neste caso, imagina uma Campinas totalmente diferente da outra. Desta vez a interpretará como agência do velho escravo ou (e) da folha em questão. Sim, posto que esse jornal possuísse objetivos políticos bastante precisos – veiculavam a necessidade da integração social dos negros na sociedade pós-abolição. Conhece o leitor *O Getulino*? Seu subtítulo era "orgam para a defesa dos interesses dos homens pretos". Mais tarde, substituiu-se o "pretos" por "homens de cor" (talvez indicando ascensão social de seus articulistas ou, quem sabe, uma possível mudança de público-alvo). Esse é um daqueles casos em que o nome da coisa diz quase toda a coisa que há para se falar sobre ela.

---

3   Sobre essa dinâmica, cf. MENDONÇA, Joseli. *Op. cit.*

Não resta dúvida que o título do periódico é referência ao pseudônimo adotado por Luiz Gama em sua famosa obra, *Primeiras trovas burlescas de Getulino*.[4] Ele mesmo, o poeta com foros de africano *fidalgote*. Aposta numa imagem negativa para a cidade; apanha no passado as origens dos problemas que obstruem-lhe o presente. Mas voltaremos a isso com mais vagar no próximo capítulo. Não nos percamos de nosso raciocínio inicial.

Mais esperto que os outros, acode ainda um leitor dizendo que as duas hipóteses não são excludentes, mas impecavelmente plausíveis e concluíres. A cantiga informa quão desnorteador devia ser o trabalho no campo, assim como o desenraizamento – em especial nesse caso, quando ambos os acontecimentos foram conjugados. Esse tipo de situação devia ser duplamente desconcertante para os envolvidos. Trabalhar na lavoura era tido por mais intenso, insalubre e cerceador, o que, dentre outras coisas, dificultavam-lhes as possibilidades de acumular pecúlio; ao mesmo tempo, os deslocamentos, quase sempre para um lugar desconhecido, privavam-lhes do contato com sua rede de sociabilidade habitual, intervindo negativamente em suas probabilidades de ascensão social; era-lhes obstada, consequentemente, a conquista de suas autonomias, viver de si mesmo, tornar-se senhor de suas ações, a conquista da liberdade...[5]

---

4   GAMA, Luis Pinto da Silva. *Primeiras trovas burlescas de Getulino*. 2ª ed. Rio de Janeiro: Tipografia de Pinheiro, 1861.
5   Esse tipo de aspiração aparece em trabalhos sobre várias regiões do país. Cf. MATTOS, Hebe. *Das cores do silêncio:* os significados da liberdade no Sudeste escravista - Brasil século XIX. Rio de Janeiro: Arquivo Nacional, 1995; FRAGA FILHO, Walter. *Encruzilhadas da Liberdade. Op. cit.*; PACI, Natalia Bronzi. "Os Limites da Liberdade: Possibilidades de inserção social de libertos no município de Mangaratiba-RJ entre 1850 - 1930". In: *Anais do XXVI simpósio nacional da ANPUH - Associação Nacional de História*. São Paulo, 2011. Disponível em

Essa capacidade infringente se manifestou por meio de diversos canais, dos mais grandiloquentes (o plano de revoltas de 1832 é um bom exemplo disso) aos mais rotineiros, tais como as fugas (fossem essas individuais ou coletivas) ou ainda os assassinatos de senhores.[6] E não nos esqueçamos também de quando se mobilizavam por meios de dispositivos legais, como no caso das ações de liberdade.[7]

O caráter extremo dessa problemática – a perda da faculdade de governar a si mesmo – lança certa inquietude que se revela na busca desses sujeitos por formas de vivência mais apropriadas, menos restritivas. É a manifestação de um pensamento transgressor que projeta no embate sua independência, ainda que incerta.

Emerge dos mencionados versos que as circunstâncias que particularizaram a cidade de Campinas durante o século XIX incitaram nos escravos um progressivo sentimento de tolhimento e impotência. Afinal, se era a *Kalunga* para os africanos bantos escravizados na América, a travessia do mundo real para o espiritual, signo de uma morte antecipada, nas mãos dos brancos Campinas se apresenta também como o lugar no qual as almas eram aprisionadas. Contudo, nas duas situações os escravos en-

---

http://www.snh2011.anpuh.org/site/anaiscomplementares. Acesso em: 10 jun. 2012

6 No ano de 1832 foi descoberto um plano de revolta escrava em Campinas envolvendo quinze fazendas. Sobre o assunto cf. PIROLA, Ricardo Figueiredo. *Op. cit.* Sobre escravos que matavam senhores cf. ALVES, Maíra Chinelatto. *Quando falha o controle*: crimes de escravos contra senhores (1840-1870). Dissertação de Mestrado em História. São Paulo, FFLCH-USP, 2010.

7 Com relação as ações de liberdade vide o estudo pormenorizado de XAVIER, Regina Célia Lima. *A Conquista da Liberdade*: Libertos em Campinas na segunda metade do século XIX. Campinas: Área de publicações/CMU-Unicamp, Campinas, 1996.

contravam meios para sua "volta ao mundo, preto, dos vivos".[8] E é nesse ambiente que se desenlaça a presente história.

III – Da repressão

> O impacto dessa situação externa sobre o "elemento negro" é surpreendente. Ele se viu tolhido dos anseios de perpetuar a parcela da herança cultural, que atravessava a escravidão ou se formava graças a ela. Contudo, ficou imobilizado dentro de um tradicionalismo tosco e inoperante. Ambas as coisas relacionam-se, estrutural e dinamicamente, com o destino encontrado pelo negro e pelo mulato naquele ambiente urbano. Até providências policiais foram tomadas para impedir a "revivescência", à noite, de "antigos usos", que perturbariam o sossego e, talvez, o decoro da população branca. As perdas culturais daí resultantes não foram, porém, compensadas pela aquisição de valores culturais alternativos. À margem das atividades estratégicas para a urbanização dos modos de pensar, de agir e do estilo de vida, acabaram não participando, sequer superficialmente e esporadicamente, das "tendências do progresso".[9]

A supracitada passagem resume com precisão a postura das classes dirigentes diante da população negra nos anos subsequentes ao 13 de maio: uma atitude repressiva e ostensiva. Contudo, minha interpretação difere muito da oferecida por Fer-

---

8   SLENES, Robert. "Malungungomavem! África coberta e descoberta no Brasil". In: *Revista da USP*, São Paulo, n° 12, 1991-1992, p. 12-67.

9   FERNANDES, Florestan. *Op. cit.*, p. 85.

nandes, sobretudo no que tange seu entendimento de como os negros representavam a liberdade.[10]

Certamente que essas interações nos interessam. A observação de qualquer ação que vise desvencilhar-se do sistema opressor, replicador de desigualdades, nos é cara. Não devemos nos colocar na posição de juizes, subestimando a capacidade cognitiva desses sujeitos. Explicar a sua suposta "irracionalidade" por meio do discurso dos "vencedores", sem uma crítica apropriada, percebendo atentamente os interesses e tensões envolvidos, é contribuir com a opressão, é violentá-los duplamente. A chave para entender esse período está em reforçar a ênfase na historicidade e no entendimento das diferenças.[11]

Tio Chiquinho, ao estabelecer uma narrativa sobre o passado, o reconstrói. Remete-nos a como seria a experiência de viver em Campinas durante o cativeiro, e também diz muito sobre o momento da entrevista. Evidência de que vivenciava tempos difíceis. Ora, afinal, liberdade é diferente de igualdade.[12] Um epi-

---

10 Em nota referente à passagem supracitada, Fernandes afirma que o "negro" (e ele usa o termo entre aspas) "(...) representava a liberdade como algo tangível". E para dar sustentabilidade a seu argumento, utiliza uma citação de Evaristo de Morais. Entendo que, diferentemente do que pensa esse autor, não havia uma maneira específica de "o negro" enxergar a liberdade, tampouco devemos tratá-los no singular. Trata-se de um grupo grande e homogêneo, com origens, anseios e expectativas muito diversas. Certamente que compartilhavam a experiência de viver numa sociedade que constantemente tratava de os inferiorizar, contudo isso não os torna um bloco homogêneo. Cf. FERNANDES, Florestan. Op. cit., p. 412, nota 81.

11 Maria Odila Leite da Silva Dias traça um panorama acerca de como o estudo do quotidiano é uma resposta muito utilizada contra sistemas explicativos abstratos. Cf. DIAS, Maria Odila Leite da Silva. "Hermenêutica do quotidiano na historiografia contemporânea". In: Projeto História. São Paulo, nº 17, nov. 1998, p. 223-258.

12 Cf. CUNHA, Olívia Maria Gomes da; GOMES, Flávio dos Santos. Op. cit., p. 13.

sódio em que isso pode ser percebido com clareza é o da lei de restrição à mendicância. Uma intervenção municipal na forma de distribuição espacial da cidade. Ela não se dirigia especificamente aos negros, mas é certo que este era o grupo alvo e mais propenso a ser afetado, como fica entendido sobretudo nas atitudes práticas da polícia campineira. Vejamos o que diz a resolução de 21 de maio de 1889:

> Art. 1 Fica proibida a mendicidade nesta cidade e município, salvo nas condições seguintes:
>
> – Todo o individuo que ficar impossibilitado de ganhar a subsistência pelo exercício de qualquer trabalho lícito, se dirigirá ao presidente da câmara municipal a quem justificará a verdade de seu estado e, por ordem deste, receberá na secretaria da Câmara uma guia para o fiscal de sua paróquia, a vista da qual o fiscal registrará em lugar bem visível na ocasião de esmolar, só nas quartas-feiras e sábados. Estas chapas são intransferíveis. O que infringir a postura, cedendo ou ocupando chapa de outrem, será punido com oito dias de prisão e o duplo na reincidência, e por qualquer outra infração dois dias de prisão.[13]

Essa história espanta pela peculiaridade. Campinas procurava uma resposta para um tema nacional.[14]

A estranheza é uma porta interessante para se tentar entender o passado. Esse tipo de situação nos faz perceber que estamos

---

13   João Carlos da Silva Telles. *Repertório das Leis promulgadas pela Assemblea Legislativa da Provincia de s. Paulo desde 1835 até 1875*. São Paulo: Typog. do Correio Paulistano, 1877. *Apud* LAPA, José Roberto do Amaral. *A cidade*: Os Cantos e os Antros. Campinas 1850-1900. São Paulo: Edusp, 1996.

14   Esse tipo de política é conexa à repressão à "vadiagem" que foi implementada em âmbito nacional. Assunto que veremos com menos pressa no Capítulo III.

diante de um mundo diferente do nosso. Mundo esse em que, veja o leitor, mendigos tinham de (ao menos era o que a resolução, elaborada mirabolantemente, recomendava), em se pedindo esmolas, fazê-lo em locais e dias predeterminados, bem longe dos sensíveis olhos e narizes das "famílias de bem" que deviam se sentir constrangidas à saída do teatro ou a missa.[15] Além disso, ser pedinte era *quase* um ofício: o sujeito que quisesse seguir nesse ramo devia ir à prefeitura pedir autorização ao presidente da câmara. Lá estando, eram distribuídas pela autoridade competente, mediante exame igualmente competente, chapas contendo um número de registro aos mais aptos. Verificava-se se o candidato a pedinte era ou não merecedor das famigeradas chapas ou apenas um vadio comum.[16] Na prática, o ocorrido foi um profícuo e subversivo comércio desse desejado item. O desfecho, como era de se esperar, deixou as autoridades consternadas. Esse tipo de ação fazia parte de uma política que visava construir uma cidade sem os "indesejáveis": os mendigos, os vadios, as prostitutas e os excluídos em geral.

IV – Duas cidades

A implicação consequente desse conjunto de intervenções é o surgimento de duas cidades em uma. É uma empresa que vinha sendo gestada desde meados do século XIX, mas que só acontece plenamente durante a virada do século. De um lado temos, portanto, uma cidade que se quer burguesa, é pudica e pretensamente racional, quase europeia. Isto se manifestou numa linguagem arquitetônica nova, que trouxe diferentes conceitos aos

---

15 A ocorrência do termo entre aspas é relativamente comum em diversas fontes, desde relatórios de presidente de província a jornais da imprensa regular.
16 MACIEL, Cleber. *Op. cit*, p. 115-116.

espaços e postulou funções e atribuições aos seus habitantes. Já a outra, erguida à sombra da primeira, é clandestina, proibida e desafiadora. Escravos de ganho, lavadeiras, prostitutas, trabalhadores assalariados em geral fizeram dela sua morada, qual a fora durante a segunda metade do século XIX. Espremiam-se em minúsculas edículas e tinham sua circulação restringida pelas autoridades. Afinal, a primeira cidade – a visível – onde habitava a insurgente burguesia tinha ojeriza a essa outra criada à revelia. Para impedir ao máximo esse contato, os órgãos oficiais de coação optaram deliberadamente por tomar a invisibilidade cultural desses sujeitos de segunda classe como projeto. Medidas as mais diversas foram assumidas para a sua efetivação.

Campinas se erigiu de acordo com uma concepção de cidade próxima a dos incipientes centros urbanos do país. Na capital nacional, por exemplo, tivemos a conhecida "era das demolições", capitaneadas pelo então prefeito Pereira Passos. Reforma urbana essa que acabou por destruir habitações populares (vulgos cortiços), removendo as populações pobres, as ditas "classes perigosas", para bem longe do centro da cidade.[17]

A preocupação com a salubridade das casas, quintais, ruas e esgotos era tema que estava à ordem do dia. O código de posturas de 1873 sintetiza a vontade do poder público em intervir na vida urbana. A questão estética tem um importante componente po-

---

17 ROCHA, Oswaldo Porto. A Era das demolições: cidade do Rio de Janeiro, 1870-1920. Contribuição ao estudo das habitações populares. Rio de Janeiro, Secretaria Municipal de Cultura, Departamento Geral de Documentação e Informação Cultural, Divisão de Editoração, 1995. O bota abaixo culminou com a destruição do cortiço mais popular da cidade, chamado Cabeça de Porco. Sobre o assunto, cf: CHALHOUB, Sidney. *Cidade Febril:* Cortiços e epidemias na corte imperial. Rio de Janeiro: Companhia das Letras, 1996.

lítico. Há motivações sanitárias, viárias, habitacionais e de classe que fundamentam esse tipo de ação.

Observemos a seguir uma fotografia, datada de 1890, que retrata a região central da cidade.

Fig. 1 - Acervo CMU. Reproduzido em LAPA, 1996.

A imagem é reveladora na medida em que esclarece o ideal de cidade que está posto. O imponente Teatro São Carlos (ao centro), produzido em arquitetura neoclássica, não deixa dúvidas quanto às aspirações da cidade, assim como os casarões das famílias mais abastadas. É uma paisagem eminentemente urbana, em expansão a perder de vista. Uma dessas ruas era a São José, atual 13 de Maio. O recorte escolhido pelo fotógrafo favorece a propagação de alguns valores. A exatidão das ruas revela seu planejamento, o espaço é racionalizado, simétrico, asséptico e discriminatório. Há uma pequena natureza cercando o Teatro, mas plenamente domesticada.

Em contrapartida a isso, havia aqueles espaços que eram tidos por indesejados. Os chafarizes me parecem ser sua expressão máxima. Um em específico ficou bastante conhecido na cidade. Sua citação nos jornais é uma constante, o chafariz do Largo da Jurumbeval. Este se localizava à Rua Caracol (atual Benjamin Constant), em frente ao mercado municipal. Vejamos uma notícia de jornal que dá conta de como pensavam a seu respeito:

> [21/10/1885] O Sr. sub-delegado da Freguesia de Santa Cruz, fazendo-se acompanhar de praças, revistou todos os quartos e biombos existentes no Largo do Jurumbeval e rua do Caracol adjacente, encontrando diversas raparigas alforriadas que não se ocupavam em cousa alguma, uma delas até achava-se de cama e, entre as outras, fora encontrada uma escrava do Sr. Antonio José Machado, que em vez de cuidar do seu serviço de lavadeira, ali vadiava. Esta foi mandada a apresentar-se ao seu senhor e as outras intimadas para ocuparem-se em serviço honesto, sob pena de assinarem termo de bem viver. (Gazeta de Campinas, 22/10/1885, p. 2)[18]

Apesar da maior parte dos escravos que viviam em Campinas trabalhasse nas lavouras, é certo que muitos deles circulavam no perímetro urbano. Tanto isso é correto que o seu trânsito passou a ser controlado, seja pelas posturas municipais como pela ação da polícia, o que fica evidente no trecho acima. A questão da vadiagem está posta, e o articulista cobra uma postura repressiva,

---

18 *Apud* MARTINS, Valter. "Policiais e populares: educadores, educandos e a higiene social". *Cad. Cedes*. Campinas, vol. 23, nº 59, p. 79-90, abril 2003. Disponível em: http://www.cedes.unicamp.br. Acessado em: 29/12/2012. O largo da Jurumbeval é tema do referido artigo de Valter Martins. Ele argumenta que esse espaço constituiu, durante a segunda metade do século XIX, um local no qual a classe trabalhadora se divertia, trabalhava e morava. A aglomeração de pessoas, sejam essas escravos, libertos, imigrantes e nacionais pobres, perturbava as autoridades, que por meio da ação da polícia, cerceavam e ordenavam "os movimentos de pessoas vistas como perigosas à sociedade, por seu comportamento considerado imoral e escandaloso".

mesmo quando se trata de uma pessoa alforriada, que em última instância é senhora de si.[19] Contudo, o que vale ressaltar aqui é o desejo dessas mulheres de se apropriarem do espaço público, convertendo-o em espaço de sociabilidade. Esse tipo de atitude permanecerá no período pós-abolição.

V – O palco

Entendo que é importante oferecer alguns dados estatísticos para que possamos visualizar melhor o microcosmo por ora estudado.[20] Campinas é cidade com vocação para a imigração. E nesse caso, não me refiro apenas à europeia.[21] Esta certamente foi intensa e maciça, mas antes disso, no século XIX ainda, um grande número de escravos chegaram à cidade. Para termos uma ideia mais concreta, entre 1779 e 1829, a população escrava saltou de 150 para 4.800 cativos. Ela cresceu 32 vezes! O avanço do açúcar é a resposta para tal fenômeno. Essa população, assim como

---

19 A alforria condicional era aquela em que se estipulava um determinado encargo que se não cumprido poderia ser revogada. Sobre alforrias em Campinas, cf. FERRAZ, Lizandra Meyer. *Entradas para a liberdade:* formas e frequência da alforria em Campinas no século XIX. Dissertação de Mestrado em História. IFCH-Unicamp, Campinas, 2010.

20 Para a confecção desse item, apresento dados colhidos por Nomelini. Cf. NOMELINI, Paula Christina Bin. *Associações operárias mutualistas e recreativas em Campinas,* 1906-1930. Dissertação de Mestrado em História. Campinas: IFCH-Unicamp, 2007.

21 No princípio do século XIX, já se escutavam rumores a respeito da falta de braços escravos. Isso impulsionou inúmeras discussões a respeito da viabilidade da implementação do trabalho livre no país. Essa discussão se intensifica após 1850. A ideia corrente era que, mais dia menos dia, haveria de substituir-se o sistema escravocrata. A respeito da imigração em Campinas no século XIX, cf. SOUZA, Carolina de Lima. *As primeiras experiências do trabalho livre em Campinas no século XIX.* Dissertação de mestrado em História. Campinas: IFCH-Unicamp, 2008.

a da maioria das escravarias no restante do país, era composta substancialmente por africanos, mais especificamente, no caso paulista, os de origem banta.[22] As taxas de fecundidade entre os escravos eram relativamente baixas a essa época, e o tráfico era um grande negócio.

Na segunda metade do século XIX, o cultivo de café fez de Campinas o centro da economia do Oeste Paulista. Expandiu, reestruturou, consolidou e se tornou uma das mais importantes da província. A evidente capacidade agroexportadora propiciou a atmosfera necessária ao aumento da população cativa.[23]

A segunda proibição do tráfico atlântico, em 1850 (dessa vez não mais para "inglês ver"), aqueceu o tráfico interprovincial de cativos. A zona da Mata Mineira, o Vale do Paraíba e o Oeste Paulista foram as regiões receptoras dessa mão de obra.[24] Tais circunstâncias, e a malha ferroviária que talhava a cidade, proveram o desenvolvimento urbanístico de Campinas.[25] Em 1872, esse número chegava à casa dos 14 mil escravos. O comércio desse "gênero" mostrou maior robustez entre as décadas de 1850 e 1860, no entanto, o tráfico interno recrudesceu em 1870. Em 1881 o governo passou a tributar a importação dos escravos, o que fez

---

22   Segundo Robert Wayne Andrew Slenes, em 1829, Campinas chegou a ter uma taxa de 80% de africanidade entre sua escravaria, sendo que esses eram predominantemente de origem banta. Cf. SLENES, Robert Wayne Andrew. "Malungo ngoma vem! África coberta e descoberta no Brasil". Op Cit., p. 55.

23   Cf. BAENINGER, Rosana Aparecida. Espaço e tempo em Campinas: migrantes e a expansão do pólo industrial paulista. Campinas: Área de Publicações/CMU--Unicamp, 1996.

24   MIRANDA, Cristiany. Gerações da Senzala: famílias e estratégias escravas no contexto dos tráficos africano e interno. Campinas, século XIX. Tese (Doutorado em História), Departamento de História, IFCH-Unicamp, Campinas, 2004.

25   Processo esse descrito por Lapa, que o denominou de "modernização tardia". Cf. LAPA, José Roberto do Amaral. Op. cit.

com que esse fluxo se interrompesse. Mudança de atitude que coincide com a queda de produtos agrícolas na Itália, que expele o trabalhador do campo para as terras paulistas.[26]

VI – Da habitação e do crescimento urbano

A mais inequívoca e imediata das consequências da expansão da economia cafeeira foi, seguramente, o aumento de empresas a se instalarem na cidade.[27] Entretanto, esse processo logo é cessado devido aos surtos de febre amarela que assolaram a região.[28] Com as epidemias de 1889 e 1897, por exemplo, a densidade demográfica da região diminui rigorosamente e por conseguinte, muitas dessas empresas rumaram para capital da província.[29]

Governo e empresariado, receosos dos possíveis impactos desses acontecimentos, avocam medidas que de certa forma são complementares. O poder público assumiu certas posições que assinalavam drásticas mudanças no tocante à disposição dos

---

26 SLENES, Robert Wayne Andrew Slenes. "Senhores e Subalternos no Oeste Paulista". In: ALECANSTRO, Luis Felipe; NOVAES, Fernando (org.). *História da vida privada no Brasil*, vol. 2. São Paulo: Companhia das Letras, 1997, p. 233-290.

27 NOMELINI, Paula Christina Bin. *Op. cit.*

28 Sobre febre amarela em Campinas, cf. SANTOS FILHO, Lycurgo de Castro. *A febre amarela em Campinas: 1889 -1900*. Campinas: Área de Publicações/ Centro de Memória Unicamp, 1996; XAVIER, Regina Célia Lima. "Dos males e suas curas". In: CHALHOUB, Sidney; MARQUES, Regina Beltrão; SAMPAIO, Gabriela dos Reis; SOBRINHO, Carlos Roberto Galvão. (org.). *As artes e ofícios de curar no Brasil: capítulos de história social*. Campinas: Editora da Unicamp, 2003, p. 331-354.

29 Segundo Baeninger, durante a epidemia de febre amarela havia trinta óbitos por dia, totalizando 2 mil mortes durante todo o surto. Cf. BAENINGER, Rosana Aparecida. *Op. cit.*

diversos sujeitos no espaço urbano. Já a iniciativa privada, por seu turno, buscou "soluções", dentre as quais se pode destacar a grande quantidade de instituições que foram criadas a título de abrigar um contingente populacional que se via a vagar pelas ruas (haja vista que o número de órfãos e mendigos cresceu consideravelmente).[30] Estabelecimentos como o Asilo dos Mendigos/Inválidos e a Sociedade Protetora dos Pobres são exemplos dessa prática.[31]

Tendo isso em vista, onde estavam os negros a essa altura? Embora habitassem regiões muito específicas da cidade, diria que circulavam por toda sua extensão, mesmo a contragosto do poder público e da camada burguesa sensível à sua insistente existência. Por meio dos processos, pude identificar que a maioria dos endereços dessas pessoas remetia às ruas Barão de Jaguara, Francisco Glicério e afins. Ao que tudo indica, a partir daí é que começava essa Campinas clandestina e preterida pelas autoridades. Essa região era das mais visadas pela polícia. Não raramente os botequins, espaços de sociabilidade e lazer onde supostamente negros e mulatos passavam o dia a vadiar, eram os mais cerceados.[32] Próximos a esses locais, havia também habitações coletivas, edículas, os chamados cortiços. Para ilustrar, escolhi dois casos, dois

---

30 A partir da iniciativa privada foram criadas diversas instituições para resolver essa questão: Liceu de Artes e Ofícios (1897 – orfanato que ensinava as funções de tipografia, encadernação, alfaiataria, carpintaria e sapataria); Asilo dos Mendigos / Inválidos (1904); Sociedade Protetora dos Pobres (1889 – promoveu campanhas para assistir as pessoas carentes); Sociedade Cruz Verde (1889 – associação de brasileiros e italianos para prestar socorros aos doentes da epidemia). Cf. NOMELINI, Paula Christina Bin. *Associações operárias mutualistas e recreativas em Campinas. Op. cit.*, p. 36.

31 *Idem.*

32 Sobre esse assunto, cf. CHALHOUB, Sidney. *Trabalho, Lar e Botequim*: o cotidiano dos trabalhadores no Rio e Janeiro da Belle Époque, 2ª ed. Campinas: Editora da Unicamp, 2001.

processos introdutórios dentre vários possíveis, com o propósito de situar o leitor nesse universo.

Em grande medida, a narrativa deste livro se dará por meio de historietas, pequenos casos que visam dar conta de uma realidade multifacetada. No meu entendimento, é um método que oferece ao historiador a possibilidade de se desvendar, para além das representações jurídicas, as demandas políticas que estavam em pauta. Para os propósitos desta investigação, não interessa saber se os eventuais réus ou acusadores estavam com a razão. O processo é aqui utilizado como um meio de se chegar ao nível mais terreno das relações sociais, longe das esferas políticas institucionais historicamente mais comtempladas pela historiografia.

Começo por um caso de defloramento.[33] Consta na ocasião do interrogatório que a reclamante era "Maria das Dores Cavalheiro, *parda*, com dezoito anos de idade, solteira, brasileira, natural desta cidade, filha de João Bento Telles Cavalheiro, serviços domésticos, moradora á rua e numero acima referido, sabendo ler e escrever".[34] Para ser coerente com os propósitos dessa história, tomemos o depoimento da vítima logo de início:[35]

> (...) que em dias do mês de Maio do corrente ano, passando pela rua Doutor Quirino, ao meio dia com destino á Santa casa, onde ia visitar seu pai ali doente, ao chegar a agencia do leiloeiro João Murbach,

---

33 João Murbach, réu; processo criminal (defloramento), ofício 99, caixa 43, nº 0660, Tribunal de Justiça de Campinas (TJC), Centro de Memória-Unicamp (CMU), 1914.

34 A sessão foi em sua casa. O mesmo endereço que foi indicado por sua mãe.

35 Para fins de esclarecimento, é sempre bom ressaltar que não se trata, evidentemente, da fala da reclamante de maneira exata, mas sim da interpretação do escrivão a respeito daquilo que se pode chamar de uma performance oral, logo, ocultam-se aspectos que a nós seriam relevantes, que vão desde a forma de organização da fala aos gestos e ênfases irrecuperáveis.

este, para seu patrão desocupar [sic], convidou-a a entrar, pois desejava entregar-lhe umas camisas e meias para que levasse a seu pai; que a declarante ali entrando o mesmo, fechando as portas e fazendo--lhe promessas em dinheiro, convidou-a a sentar--se em seu colo num sofá ali existente, deitando-a no mesmo sofá, a desonrou; que ele pediu a declarante que nada contasse a sua mãe e a amasia dele, que é afilhada de sua mãe; que em seguida o seu ofensor deu-lhe cinco mil réis e entregando-lhe um [ilegível] de liga para que levasse a seu pai, aconselhou a declarante a que procurasse outros homens; que nessa ocasião havia empregado algum na casa de João Murbach e depois disto não teve mais relações sexuais com o referido seu ofensor; que na ocasião em que foi desonrada estava no começo de seu incômodo e que no mês seguinte deixou de ser menstruada, porém não julgou que estivesse grávida; que ocultou sempre sua desonra a sua mãe; que tendo ontem um aborto, foi sua desonra descoberta tendo a declarante confessado a sua mãe, indicando João Murbach como criminoso; que, finalmente, não tomou remédio algum para abortar, pois ignorava que estivesse grávida.

O endereço de residência de Maria das Dores fica justamente em frente ao Largo da Jurumbeval. Essa informação, como pode supor o leitor, diz muito sobre o ocorrido. Por ora, passemos às testemunhas a fim de conhecermos melhor o caso.

"Guilhermina Olympia Ferreira, *preta*, com quarenta e cinco anos de idade" [grifo meu], disse, na ocasião em que foi inquirida, que a ofendida "Reside aos fundos do quintal da rua do mesmo já referido acima" (entenda-se, nesse caso, o endereço da depoente); "Caruso Raphael de trinta e dois anos de idade, casado, funileiro, *italiano*" [grifo meu] informa que a família residia a um quintal na Rua Álvares Machado, 68-B (quarto esse que ele e seu cunhando Miccelli sublocavam); "Rosado Guisoffie, com quarenta e sete anos de idade, casado, folheiro, *italiano*" [grifo meu], diz que conhecia apenas de vista a ofendida e que morava também no quintal que dava de frente para a casa da família da vítima. Esta, juntamente com sua família, residia num pequeno quarto no quintal, não sabendo ele, entretanto, de que meios dispunham para se sustentar. E por fim, "Gernhura Olympia Ferreira, de quarenta anos de idade mais ou menos, viúva", também dizia residir no mesmo quintal. Há ainda o testemunho de "Washington Ataliba Nogueira, *brasileiro*, solteiro, com quarenta e cinco anos, intermediador de negócios" [grifo meu], que afirmava que sabia que a família da ofendida residia há muito num sobrado de propriedade de seu pai.[36]

Como o leitor pôde perceber, destaquei as diferentes maneiras com as quais os indivíduos foram referidos. Os critérios, curiosamente mudam de acordo com o perfil do depoente. A reclamante teve a cor de sua pele indicada, ela era, aos olhos do escrivão e (ou) do delegado, "parda". Fiz questão de citar os dados de cada um dos envolvidos na sequencia em que aparecem para que fique claro: "cor" é um elemento chave nessa história. Nos casos de Maria das Dores e Guilhermina, é o segundo item, aparecendo logo após seus nomes. A omissão dessa informação e a indicação do país de origem pareceu aos mesmos agentes policiais que fosse suficiente.[37] De maneira singular, a reclamante tem sua

---

36 A fala deste último depoente foi registrada na ocasião em que esteve no Júri, em outro momento deste processo, portanto.

37 Diferentemente do caso carioca, por exemplo, em que a cor do indivíduo desaparece, aqui ela se fez presente. Cf. MATTOS, Hebe Maria. *Das cores do silêncio*. Op. cit. Embora pesquisas mais recentes mostrem que essa questão, mesmo para o Rio de Janeiro, deve ser matizada. Sobre esse debate, cf. RIBEIRO, Carlos Antonio Costa. *Cor e criminalidade*: estudo e análise da justiça no

cor redefinida em mais dois momentos desse processo. Se observarmos as circunstâncias com atenção, é possível perceber que essa situação não é de todo absurda, apesar da surpresa inicial. Se na ocasião da denúncia decidem ser a ofendida uma "parda", em outra passagem ela é qualificada por "preta", e mais adiante como "branca".

No momento em que a reclamante registra sua queixa é "parda". Logo em seguida, sua mãe, Eva Queiróz, também é descrita por "parda". Façamos, pois, um exercício de imaginação: chegam à delegacia a suposta ofendida e sua mãe. Colocam-se a narrar uma história que, ao que lhes parece, de uma desonra. Pela descrição de onde moravam, somada à profissão do pai e da mãe, inferimos se tratarem de pessoas pobres. É razoável supor que chegaram à delegacia vestidas como de costume, ou seja, com roupas usadas no quotidiano, condizentes com seu *status* social. E é nessas condições que Maria das Dores e sua mãe são tidas por "pardas".

O réu é quem a apresenta como "preta". O termo é empregado em meio a seu depoimento, num tom deveras depreciativo. Mais do que "descrever" sua aparência física, seu intuito era, claramente atacar a honra de Maria das Dores. Embora reconheça ter se deitado com a moça, João Murbach constrói sua defesa por meio da desqualificação desta. Para ele, Eva de Queiróz, mãe da ofendida, é *"preta* que vive na ociosidade" [grifo meu]. Preto é uma palavra pejorativa. Na boca de terceiros, invariavelmente exprime sentido desagradável. Algumas publicações da imprensa

---

Rio de Janeiro (1900-1930). Rio de Janeiro: Editora UFRJ, 1995; CUNHA, Olivia Maria Gomes. *Intenção e Gesto:* pessoa, cor e a produção cotidiana da (in)diferença no Rio de Janeiro, 1927-1942. Rio de Janeiro: Arquivo Nacional, 2002; GARZONI, Lerice de Castro. *Vagabundas e Conhecidas:* novos olhares sobre a polícia republicana. (Rio de Janeiro, início século XX). Campinas, Dissertação de Mestrado em História. IFCH-Unicamp, 2007.

regular travavam várias batalhas contra a "vagabundagem" e cobravam uma postura mais efetiva das autoridades competentes:

> A polícia está agindo contra as pretas desocupadas. Mais uma campanha feliz iniciou a policia local (...) hostilidade contra as pretas sem-ocupação. (...) percorrem vários cortiços prendendo mulheres ali residentes (...). O resultado dessa campanha será de benefício para as donas de casa que lutam com a falta de empregadas de cor de Campinas com um aparelhamento completo em matéria de sociedade como se pode verificar.[38]

Chamar a mãe da ofendida de "preta" é uma forma de aproximá-la da escravidão, da incivilidade e, consequentemente, da imoralidade.[39]

A terceira aparição do termo acontece quando da realização do exame de corpo de delito. Não há evidências de que o médico que o efetuou tinha acesso ao processo ou que tinha ciência desses ocorridos. Diante disso, não me parece absurdo pensar que talvez a única informação que tivesse a respeito da vítima fosse seu corpo nu. Não é possível sequer afirmar que tenha visto sua mãe. Com o perdão do trocadilho, como um homem de ciência, seu objetivo era ser objetivo. E seguindo este inatingível princípio, ao que lhe aparentou, ela seria "branca". Quando o delegado a definiu por parda, é provável que tivesse se comprazido do drama humano dessa jovem, ou ao menos a história tivesse encampado

---

38 *Diário do Povo*, Campinas, 30/10/1923. *Apud* MACIEL, Cleber da Silva. *Op. cit.*, p. 121.

39 Pesquisando jornais da imprensa regular em Rio Claro, Warren Dean chega a conclusões parecidas. Cf. DEAN, Warren. *Rio Claro*, um Sistema Brasileiro de Grande Lavoura 1820-1920. Rio de Janeiro: Paz e Terra, 1977.

por sua factibilidade. Diante disso, afastá-la dos vícios, da incivilidade e da imoralidade, passa pelo seu "embranquecimento".

Qual seja a hipótese mais plausível, o notável disso tudo é que o critério da cor nessa sociedade indica a existência de uma dinâmica social mais profunda. Distintos atores sociais formularam uma miríade de termos para descrever categorias raciais ao longo do tempo: os documentos censitários, o discurso médico, a literatura...[40] Essas diferentes percepções se entrelaçam no quotidiano, no dia a dia das pessoas comuns, promovendo situações inusitadas como essa. Uma resolução de conflitos é lugar privilegiado para sua observação. Os ânimos acirrados de lado a lado trazem à tona diferentes concepções sobre o ordenamento do mundo. Essa história nos permite avaliar quão complexa é essa categoria, tem a ver com os traços físicos aparentes, mas também com posição na sociedade. Mais do que um adjetivo, é um marcador social, indicativo da qualidade do sujeito em questão enquanto cidadão.

VII – Um caso...

Há certas ocasiões, oportunas e fugazes, em que o acaso nos inflige certa postura; outras vezes, ao contrário, tais medidas são antes um benefício do que um infortúnio. Esse é o caso de Benedicto Manuel.[41]

O ano era 1896, portanto, já contava oito do decreto da lei áurea. Segundo nos esclarecem os depoimentos consultados, por volta das 8 horas da noite, faziam a ronda na fazenda, perto dos

---

40 HODES, Martha (org.). *Sex, love and race*. Crossing boundaries in North American History. Nova York: New York University Press, 1999, p. 2.

41 Benedicto Manoel, réu; processo criminal (furto), ofício 1°, caixa 326, n° 06234, TJC, CMU, 1896.

cafezais, três empregados: Amancio Rufino da Conceição, Paschoal Grecco e Franscico Cerratori. Ali estavam porque foram encarregados de descobrir o(s) autor(es) de diversos furtos recentes de café.

Contam que estavam os três junto à porteira que divide o pasto da fazenda do respectivo cafezal, inertes, quando avistaram surgir o "preto" Benedicto Manoel. Às costas carregava uma saca de café. Continha, ao que se calculou posteriormente, mais ou menos uma arroba do dito gênero. Quando indagado sobre a procedência daquele café, declarou o denunciado que o apanhou de um monte, situado à margem do caminho, pelo que foi preso e entregue ao administrador da fazenda, sendo conduzido mais tarde à cidade. Em certo momento, procurou ainda o denunciado evadir-se, não logrando seu intento, pois foi imediata e novamente capturado.

As linhas acima condensadas foram produzidas a partir da sinopse, que aparece logo no início do processo, oferecida pelo promotor Antão de Moraes. O caso é relativo ao processo que dona Anna Joaquina do Prado Aranha moveu contra o réu, Bendicto Manuel.

Acompanhemos cronologicamente o processo. As falas das testemunhas, ainda na delegacia, aparecem logo em seguida. Seguem alguns trechos cruciais:

Testemunhas

1ª) Ananias Porfírio da Conceição, com trinta e oito anos de idade, solteiro, brasileiro, ser camarada da fazenda Matto Dentro há muito tempo, não sabe ler nem escrever.
Respondeu que como de costume e a mando do seu patrão, sempre tem feito a noite ronda nos cafezais* da fazenda, onde tem havido pequenos furtos

de café, e ontem pelas oito ou nove horas da noite achava-se ele depoente em companhia de Paschoal e Francisco, camaradas da mesma fazenda, parados junto da fronteira que divide o pasto da fazenda com cafezal, e ali apareceu, vindo do lado do cafezal um vulto, como eles estavam ali de vigia, cercaram-no, e verificaram que era Benedicto Manoel que conduzia um saco de café, contendo mais ou menos uma arroba; que interrogado, por ele depoente qual a procedência daquele café, respondeu Benedicto que havia tirado de um monte de café que havia no caminho; então ele depoente e seus companheiros conduziram-o a fazenda e entregaram ao administrador, voltando novamente para o seu serviço. (...)

2ª) Paschoal Grecco, com vinte e oito anos de idade, solteiro, camarada na fazenda Matto Dentro, brasileiro, digo italiano, sabe ler digo não sabe ler nem escrever.
Disse que ontem a noite, isto pelas oito horas mais ou menos, achava-se ele depoente em companhia de Ananias e Francisco, vigiando o cafezal da fazenda, e parado perto da porteira que divide o cafezal do pasto quando ali apareceu o "preto de nome Benedicto trazendo no lombo um pequeno saco de café". Interrogado, Benedicto afirmou ter tirado aquele café de um monte que se achava junto do caminho. E nessa ocasião foi preso por ele depoente e seus companheiros conduzido a fazenda e entregue ao administrador. E ainda disse o depoente que nunca havia visto o acusado antes desse dia. (...)

3ª) Francisco Cerratori, com trinta e três anos de idade, casado, camarada da fazenda Matto Dentro, neste município, não sabe ler nem escrever, ser italiano.
Disse que ontem mais ou menos as oito da noite ele e mais companheiros achavam-se de ronda no

cafezal da fazenda próximo a uma porteira quando apareceu "um preto com um saco de café", e sendo preso por eles vigias, identificaram-se tratar de Benedicto de Tal. E este declarou que havia trazido esse café do cafezal. O levaram, assim, para o administrador da fazenda de onde o conduziram até esta cidade. (...)

O que se apreende desses depoimentos terrivelmente banais? Como se pode interpretar um texto desses? Ouço algo sobre as relações e a disposição dos vários sujeitos na esteira social. Tanto a sinopse do promotor, quanto o depoimento das testemunhas identificadas por italianas, referem-se a Benedicto Manuel por "preto". Coincidência ou não, Ananias Porfírio da Conceição é o único que efetivamente conhecia o réu e não o chama de "preto".

Logo em seguida, o delegado interrogou o indiciado. Foi-lhe perguntado o que usualmente se inquiria aos denunciados: seu nome, idade, estado civil, nacionalidade, ocupação, moradia e se sabia ler e escrever. Ao que respondeu respectivamente chamar-se Benedicto Manoel, contando com a idade de 45 anos, casado, brasileiro, pedreiro e residente na Rua Francisco Glicério, pegado ao número 110, não sabendo ler nem escrever. Quando indagado se tinha ciência do motivo pelo qual se achava preso, retorquiu:

> (...) que em dias deste mês foi ele respondente, convidado em sua própria casa, em presença de Benedicto Clemente de Tal, por um seu patrício Antônio da Silva colono da Fazenda Matto Dentro, para ir na mesma fazenda ajudá-lo a colher café, ao que ele respondente não anuiu porém pela insistência de Antônio da Silva, resolveu [resolvera?] ir ajudá-lo, sendo que o primeiro dia que prestou esse serviço foi no dia onze do corrente; que trabalhou três dias na fazenda, vindo dormir todas as noites em sua

casa; que no dia treze, resolveu ele respondente a não continuar mais nesse serviço pois que estava sendo prejudicado em seus salários; então, preveniu Antônio da Silva, que não continuasse mais a trabalhar, e ia para sua casa ao anoitecer ; que chegando essa hora, isto as oito da noite Antônio da Silva lhe fez presente metade de um leitão e um pouco de café em coco, que havia recebido do patrão; que posto isto dentro de um saco, ele respondente dirigiu-se ao caminho da cidade, para ir para sua casa; que ao chegar a porteira do cafezal foi ele preso pelos rondantes, que examinando o saco que trazia, disseram que o café era furtado, mas que estavam ali mesmo a espera de Antônio da Silva sobre quem havia denúncia de furto de café; que daí foi ele respondente conduzido a fazenda, e em seguida a esta cidade; que na ocasião que era conduzido preso a esta cidade, conseguiu evadir-se de seus condutores, sendo novamente preso em sua casa muito tempo depois.

O depoimento de Benedito Manuel assalta vários assuntos de nosso interesse. De pronto, destaquemos que alega ter endereço fixo. Quando o colono Antônio da Silva lhe fez convite para trabalhar para si, foi procurá-lo em sua "própria casa". Não se encontrava andando errante à rua, tampouco estava em um dos botequins da Rua Conceição. É o colono apontado como agente da ação, parte dele o desejo de contratar Benedicto Manuel como seu ajudante. Com essa simples afirmação, aparentemente inocente, o acusado se defendeu da pecha de ocioso, ao menos em partes, pois esse era um dos requisitos para não sê-lo. O acusado declarou morar na Rua Francisco Glicério, que naquele tempo, e ainda hoje, corta o centro da cidade. De uma extremidade à outra, podia-se topar com endereços os mais distintos.

Declarou morar "pegado ao número 110". A indicação pouco precisa sugere que se tratava de habitação irregular, alguma espécie de habitação coletiva. De onde o réu morava até a parte mais nobre do centro da cidade, havia uma distância de pelo menos 2 km.

Essa região da cidade era bastante frequentada e habitada por negros. Às redondezas, havia vários botequins na Rua Conceição, entre a Barão de Jaguará e a Francisco Glicério. O mais famoso deles ficava em frente ao Theatro Rink. Ter ocupação fixa era também condição obrigatória para não ser tido por vadio. Benedicto Manuel não apenas possuía ofício certo como era trabalhador especializado.

Certamente que nada disso seria resposta ingênua. Após o depoimento citado acima, consta no processo um documento do dia 15 de agosto em que são consultadas duas pessoas, Ignacio Ferreira de Carvalho e Carlos Bimberg, para darem valor ao saco de café que supostamente havia sido furtado. Verificou-se ter quase 15 litros de café em coco, o que equivalia no período a 3.400 réis. Em seguida, o delegado Dr. Joaquim Gomes Pinto encaminha o inquérito ao promotor, e este, por seu turno, ao juiz Dante Soriano Filho.

No dia 18 de setembro do mesmo ano, verificamos novo interrogatório. A única novidade na fala de Benedicto é que o réu declara dessa vez ser de origem baiana. E ser filho de Manoel e Vicência.

Cinco pessoas testemunharam em juízo. Advirto o leitor, de antemão, quanto à aparente redundância dos testemunhos que se seguem. É no seu conjunto que encontraremos pistas para a elucidação das questões que nos cercam. O primeiro depoente é João Baptista dos Santos, com 32 anos, casado, brasileiro, administrador da fazenda Matto Dentro, daquela comarca. Imagino que seja quem acompanhou o processo mais de perto, uma vez que, ao que tudo indica, sua patroa não estava envolvida diretamente com o caso, já que devia morar em São Paulo nessa época.[42] Ao que lhe fora perguntado, respondeu que, na qualidade de administrador da fazenda Matto Dentro sabia que ocorriam pequenos furtos de café colhido, devido às queixas de diversos colonos. E assim mandou que as referidas testemunhas desse processo passassem a rondar os cafezais para apanhar o ladrão. E desse modo, a certo dia do mês de agosto (o qual não se lembrava), apanharam um rapaz com 20 litros de café e um porco regulando mais ou menos meio alqueire, e lhe apresentaram o réu. Este foi preso nessa mesma noite, e escapou furando o saco de café. Porém, foi encontrado no dia seguinte, pela manhã, em sua própria casa, não tendo oferecido qualquer resistência com relação à captura. Nada pôde informar com relação à conduta do denunciado, pois este "além de não ser empregado dele depoente, tinha aparecido recentemente na dita fazenda, salariado por um colono". Respondendo à pergunta do advogado de defesa, disse ignorar se o colono Antonio, patrão do réu, foi quem lhe dera o café apreendido, porém é certo que o réu teria lhe confessado ter furtado aquele café, ao que reafirmou que o café apreendido lhe fora cedido pelo colono.

A segunda testemunha é Ananias Rufino da Conceição, com 38 anos, solteiro, brasileiro, trabalhador de roça, residente na fazenda Matto Dentro, assim como os demais que aparecerão daqui em diante. Naquela ocasião, disse que em dias do mês de agosto, cuja data não se recordava, estava a rondar, conjuntamente a outras testemunhas do processo, pelo cafezal da fazenda Matto Dentro, do qual eram empregados, a mando do respectivo admi-

---

42 Acredito que ela morasse em São Paulo porque sua certidão de óbito consta nessa cidade.

nistrador, e às 8 horas da noite mais ou menos, viram o denunciado transitar pelo cafezal com um saco. Aproximaram-se, perguntaram o que trazia no saco ele disse que carregara um quarto de cabrito. Não acreditando, fizeram o réu entregar o saco, e ali encontraram mais de 15 litros de café em coco. Chamaram um companheiro para prender o réu, afim de conduzi-lo à presença do administrador, mas o réu conseguiu evadir-se naquela noite, deitando o saco sobre ele depoente; mas que no dia seguinte pela manhã, o réu foi preso em sua própria casa. Na dita noite, o réu lhe havia confiado mais de uma vez que o gênero apreendido fora por ele furtado do monte de café. O réu apenas contestou que o café e a lauda de leitoa que haviam no saco foram furtadas e que haviam sido dadas pelo citado colono.

Já a terceira testemunha era João Baptista de Souza Lima, com 22 anos, casado, brasileiro, administrador da fazenda. Contou que, em dia do mês de agosto, cuja data não se recordava, as 8 da noite mais ou menos, estava encostado no portão da fazenda, próximo ao cafezal, e teve sua atenção chamada por seus companheiros testemunhas do processo, que com ele estavam vigiando o cafezal, para a aproximação de um indivíduo que vinha em direção do portão carregando um saco. Ele e seus companheiros detiveram aquele indivíduo, o qual não era outro senão o denunciado, e o intimaram para que declarasse o conteúdo do saco, respondendo o denunciado que trazia um quarto de cabrito. Não acreditaram e tomaram o saco, no qual encontraram meio alqueire mais ou menos de café em coco, e mais uma manta de porco, tendo o denunciado confessado haver furtado aquele café, sem declarar, entretanto, se o tinha subtraído ao monte ou de qualquer outra parte, confissão essa que o denunciado repetiu, apesar dele depoente ter prometido devolvê-lo se o mesmo declarasse que o café lhe havia sido dado pelo colono Antônio, ao que ele depoente desconfiou; que o réu depois de preso havia conseguido escapar, jogando o saco contra a testemunha Ananias, mas que fora preso novamente no dia imediato, em sua própria casa, e finalmente que nunca vira o denunciado trabalhar na fazenda nem de modo algum o conhecia antes do fato. O réu contestou que a porteira a qual estava perto era próxima ao cafezal. Declarou ainda que havia uma boa distância e que a porteira ficava junto à entrada.

O último depoimento do dia ficou por conta de Cerratori Francisco, com 33 anos, italiano, casado. Declarou não saber falar o português. E o juiz convocou José Oliveira para interpretá-lo. Seu depoimento seguiu a linha das demais testemunhas. Segundo ele, estavam a fazer vigia no cafezal em função do sumiço de pequenas quantidades de café. E assim, a certa altura, viram o denunciado carregando um saco às costas. Tomaram-lhe e viram que continha café. Por sua vez, o denunciado declarou que havia apanhado o café no caminho. Porém, o depoente não sabia precisar a conversa que ele acusado teve com seus companheiros, já que havia chegado da Itália recentemente e ainda não compreendia bem o português, mas que havia "entendido bem aquela declaração do réu". O réu contestou a informação de que havia pegado café pelo caminho. A testemunha novamente confirmou o que disse, uma vez que seu companheiro Paschoal Grecco confirmou-lhe o que achava ter escutado.

No dia 23 de setembro foi ouvida a quinta e última testemunha, Moe Soares, com 30 anos, casado, brasileiro, carreiro. Nada sabia de ciência própria, foi o que disse ao juiz. Sabia do ocorrido pelas próprias testemunhas. Nada trouxe de novo, portanto, ao processo.

Logo em seguida, o juiz conduziu o interrogatório do réu. Novamente seus dados foram apresentados, entretanto, constaram algumas novidades. O local exato de seu nascimento era Rio Bonito, na Bahia. Habitava Campinas há quarenta e tantos anos. Pedreiro, não sabia ler nem escrever. No tempo que aconteceu o crime estava na referida fazenda. Não tinha motivo particular ao qual era atribuída a denúncia. Declarou, enfim, que era empregado do colono Antonio, e que o o conteúdo do saco fora dado por ele e isso mesmo já havia confessado no momento da prisão. E passara por esse caminho, pois era o que pegava para ir à sua casa.

Como conclusão, temos que a sentença anunciada pelo juiz assume a denúncia improcedente, uma vez que o ato não foi cometido em flagrante, logo o promotor não tinha competência para proceder do jeito que o fez. Havia também uma série de motivos técnicos da feitura do processo que o invalidava, segundo o eminente juiz.

Essa história é mais do que aparenta. Ela documenta a vida de personagens anônimas e propõe, ainda que não intencionalmente, elementos para uma história das transformações. Documenta as transformações, continuidades e negociações caras aos primeiros anos do pós-abolição. Apresenta-nos algumas questões básicas; o negro sob suspeição, a rotatividade do trabalho no campo, o exercício de práticas coercitivas próprias do período escravista, as tentativas dos cidadãos negros de serem autônomos, novas formas de relacionamento no trabalho.

O caso é simbólico na medida em que mostra como Benedicto queria se desvencilhar do passado. Morava no centro da cidade, era responsável por organizar o seu próprio trabalho (afinal, escolhia para quem e onde trabalharia, como sugere Luis Gama ser o desejo de escravo no texto de Ezequiel Freire).[43] Era muito

---

43 Por outro lado, a atitude dos administradores da fazenda diante do suposto furto, assim como chamá-los de "preto", são signos de que essa nova condição dos trabalhadores negros não estava muito clara em suas cabeças.

novo na cabeça dessas pessoas que um suspeito pudesse ser preso e levado à delegacia como se ele ainda fosse escravo. Contudo, a atitude de levá-lo à delegacia para que o Estado cumprisse o papel disciplinarizador, fez parte desse aprendizado, desse período de adaptação, de choque e de negociação. É um processo ainda em curso, e como tal, suscetível a esse tipo de constrangimento.[44]

Os dois casos relatados nos mostram, por meio de indícios, muito tênues, quase silenciosos, a leitura que essas personagens faziam do processo em questão. Para além da resolução dos casos em si, entramos em contato com questões que comumente não se vê nas esferas das grandes decisões políticas. São temas mais afeitos a esse plano mais concreto, mais terreno, mais pedestre.

---

44 Os jornais traziam algumas notícias acerca de práticas de castigo corporal próprias do período escravista. Cf. MACIEL, Cleber da Silva. *Op. cit.*, p. 148.

Capítulo II
"Pela pena e pela palavra"

Estamos alistados no exército daqueles que combatem em todo e qualquer terreno a invasão do negro norte-americano no nosso país.[1]

Além de todas as razões de ordem étnica, moral, política, social e, talvez, mesmo, econômica que nos levam a repelir *in limini* a entrada do amarelo e do preto no caldeamento que se está operando em nosso céu, neste imenso cenário, outra porventura existe, a ser considerada que é o ponto de vista estético e a nossa concepção helênica de beleza jamais se harmonizaria com os traços provindos de uma semelhante fusão racial.[2]

Numa primeira leitura das epígrafes acima, um leitor desavisado poderia pensar que estão alinhados. Tais excertos externam repulsa à "ameaça" da "invasão" negra norte-americana ao país. Contudo, seus respectivos autores se pronunciam de lugares antagônicos. O primeiro fragmento foi extraído do jornal negro

---

[1] Benedicto Florêncio. "Cartas d'um negro". In: *O Getulino*, ano I, Campinas, nº 9, 23/09/1923.

[2] Diário da Câmara dos deputados, discurso publicado em 25/10/1923 e pronunciado em 22/10/1923. Disponível em: http://imagem.camara.gov.br/diarios.asp. Acessado em 25/01/2005.

O Getulino, portanto um espaço de luta e militância em prol da(s) causa(s) dos homens de cor, como revela seu subtítulo. Já o segundo trecho, é um discurso do deputado Fidélis Reis, proferido no parlamento quando da discussão de um projeto. Nota-se claramente ser representativo do poder conservador constituído. Ambos remetem ao mesmo acontecimento, embora as discussões aconteçam em espaços diferentes.[3] São comentários acerca do projeto de lei que, dentre outras coisas, intentava proibir a entrada de pessoas negras no Brasil. Entender a atuação dos chamados intelectuais negros nesse episódio é o objetivo deste capítulo.

I - País a organizar

É certo que Fidélis Reis tinha alguma predileção por abordar temas referentes às formações étnicas do povo brasileiro. Foi autor de vários projetos que sinalizavam nessa direção.[4] Acreditava no desenvolvimento da nação através de seu aumento populacional, tomava por certo a máxima de Alberdi: "governar é povoar". Entretanto, advertia que devia arrazoar acerca desse problema "sob seus múltiplos aspectos". Em outros termos, para o ilustre deputado, a escolha da "raça" dos braços que viriam "atender o clamor incessante da lavoura" era fator capital, e segundo ele, "preocupação dominante dos nossos estadistas e homens de governo". Portanto, o tipo de população deveria ser selecionado segundo critérios informados pelo higienismo. Isso se externa, sobretudo, no projeto que visava proibir a entrada de negros no Brasil. Já bastava "o erro que consistiu na introdução do preto",

---

3   Cf. Diário da Câmara dos Deputados, 22/10/1923. Disponível em http://imagem.camara.gov.br/diarios.asp. Acessado em 25/01/2005.

4   Cf. REIS, F. *Paiz a organizar*. Rio de Janeiro: Editor A. Coelho Branco F.º, 1931.

afirmava, destarte sua entrada ao país, assim como a do "amarelo", deveriam ser evitadas.

Vejamos, pois, os artigos que formam o projeto:

Art. 1º- Fica o Governo autorizado a promover e auxiliar a introdução de famílias de agricultores *europeus*, que desejarem transferir-se para o Brasil, como colonos.

Parágrafo único. Poderá para esse fim celebrar tratados de trabalho e comércio, oferecendo vantagens aduaneiras aos países que permitirem e facilitarem a saída de emigrantes, subvencionados ou não, pela União e pelos Estados.

Art. 2º - O Governo entrará em acordo com os Estados, no sentido de contribuírem os mesmos para as despesas com a intensificação do serviço de imigração, na proporção relativa ao numero de colonos para eles encaminhados e em suas terras localizados.

Art. 3º -Reorganizará a Diretoria Geral do Povoamento para maior eficiência dos serviços a seu cargo e na amplitude com que deverão ser realizados.

Art. 4º - O Governo exercerá rigorosa controle sobre a imigração destinada ao Brasil, seja qual for a sua procedência, com o fim de impedir a entrada de todo e qualquer elemento julgado nocivo á formação étnica, moral e psíquica da nacionalidade.

Art. 5º - E' proibida a entrada de colonos de *raça preta* no Brasil e, quanto ao amarelo, será ela permitida, anualmente, em numero correspondente a 3% dos indivíduos dessa origem existentes no país.

Art. 6° - Fica o Governo autorizado a abrir os créditos necessários á execução desta lei.

Art. 7°- Revogam-se as disposições em contrario. [grifos meus].⁵

Garantir que somente europeus tivessem seu ingresso ao país facilitado, era o objetivo central do projeto.⁶ Essa, aliás, era uma nova versão de um projeto de 1921, ligeiramente modificada.⁷ Esse, por sinal, causou grande debate na sociedade.⁸ O deputado inclusive deu entrevistas a alguns jornais como *O Paiz, A Noite* e ao *Jornal do Brasil*.⁹

Como era de se esperar, ainda na câmara, o projeto foi cercado de polêmica. Vejamos um trecho do debate:

> EUCLYDES DA CUNHA, o escritor incomparável e conhecedor profundo de nosso meio e da nossa gente asseverava que o mestiço - traço de união as raças, breve existência individual em que se comprimem

---

5 Diário da Câmara dos Deputados, 25/10/1923. Disponível em: http://imagem.camara.gov.br/diarios.asp, assim como em REIS, Fidélis. Paiz a organizar. *Op. cit.*

6 Segundo o deputado americano, no mesmo momento era discutido um projeto no Peru com intentos parecidos. Cf. REIS, Fidélis. *Op. cit.*, p. 232.

7 Este foi apresentado à Câmara dos Deputados por Cincinato Braga e Andrade Bezerra. Sobre o projeto dessa lei, cf. LESSER, Jeffrey. "Legislação imigratória e dissimulação racista no Brasil (1920-1934)". Arché, vol. 3, n° 8, 1994, p. 79-98; MEADE, Teresa; PIRIO, Gregory Alonso. "In Search of the Afro-American Eldorado: attempts by North American blacks to enter Brazil in the 1920s". In: *Luso-Brazilian Review*, vol. 25, n° 1,1988, p. 85-110; SIEGEL, Micol. *The point of comparison*:transnacional racial construction, Brazil and the United States, 1918-1933. Tese de PhD. New York University, 2001; GOMES, Tiago de Melo. "Problemas no paraíso". In: *Estudos Afro-Asiáticos*, ano 25, n° 1, 1988, p. 307-331.

8 GOMES, Tiago de Melo. *Op. cit.*

9 Estas entrevistas se encontram também em: REIS, Fidélis. *Op. cit.*

esforços seculares – é, quase sempre, um desequilibrado: os nosso, em particular, o mulato, cafuzo ou mameluco, – menos que intermediários – são decaídos, sem a energia dos ascendentes selvagens, sem a altitude intelectual dois ascendentes europeus".
O Sr. Carvalho Neto – Mas há exceções gloriosas: Tobias Barreto, por exemplo, e tantos outros.
O Sr. Fidelis Reis – Não nego.
O Sr. Leopoldino de Oliveira – O que demonstra que não há, propriamente, inferioridade de raça.
O Sr. Fidelis Reis – Isto é outra coisa.
O Sr. Eurico Valle – É um tipo intermediário, que tem de desaparecer, por força.
O Sr. Carvalho Netto – Na fusão das duas raças, vence a superior: o negro, no Brasil, desaparecerá dentro de setenta anos. Nos Estados Unidos, constitui perigo permanente.
O Sr. Fidelis Reis – Para não nos referirmos á opinião de Agassiz, citada por Le Bon.

Para o autor do projeto, a questão residia no problema da inferioridade racial. Como afirma Carvalho Netto, sendo o negro norte-americano avesso à fusão das raças, não era visto com bons olhos. Reis entendia que Le Bon já havia demonstrado a superioridade do sangue ariano, assim como em outra passagem mencionou que Gobineau, Lapouge, Huxley chegaram à mesma conclusão.

Fidelis Reis mandou cartas a várias personalidades que julgava serem suficientemente importantes para comentarem seu projeto.[10] Oliveira Vianna, por exemplo, concordou de forma veemente com este. Em suas próprias palavras: "Devemos muito ao

---

10   Era habitual que se enviassem cartas a personalidades. Na ocasião da discussão de outros temas, chegou a se corresponder com Albert Einstein. Cf. REIS, Fidelis. *Op. cit.*

negro; mas, sem dúvida teria sido infinitamente melhor que eles não tivessem constituído um dos grandes fatores da formação da nossa nacionalidade".[11] Para este, o perigo do negro norte-americano estava na altivez que esse adquiriu com a experiência de viver na América, um lugar modelado por uma "civilização superior", e falando numa língua superior. A questão, assim, residia no fato de que os negros que vieram para o Brasil, justamente por serem inferiores, fundiram-se ao branco. Os negros americanos, em contraste, não viam a miscigenação como uma possibilidade latente. Portanto, seu temor era o perigo político que isso representava.

Clóvis Beviláqua acertou um parecer desaprovando a medida, pois entendia que, como já classificara Augusto Comte, a raça negra é afetiva e não merece esse tipo de tratamento. Além disso, apostava que a vinda de negros de outra procedência não significava que esses não se assimilariam por aqui. O ponto mais interessante da carta é quando diz que os predicados intelectuais dos negros não podiam ser postos em prova, haja vista que havia inúmeros exemplos de brilhantes intelectuais cuja epiderme denunciava sua ascendência africana, e citava Caldas Barbosa, Gon-

---

[11] Como o próprio Oliveira Vianna indica em sua carta, as razões que o levaram a repelir a entrada de negros no Brasil estão em suas obras *Populações Meridionais do Brasil*, mais especificamente no capítulo sobre "Etnologia das classes" e noutro sobre "função política da plebe rural". Para esse autor, havia diferentes tribos de negros, cada qual trazia diferenças nos traços físicos assim como características psicológicas, muito próprias. Os "angolas" e os "geges", por exemplo, são tidos por possuir "pouca integridade moral", os "minas" pela "docilidade", etc. Confiava que os mulatos seriam "inferiores, incapazes de ascensão" por serem resultados do cruzamento do branco com o negro de tipo inferior. Cf. OLIVEIRA VIANNA, Francisco José de. *Populações meridionais do Brasil*. Brasília, Senado Federal: Conselho Editorial, 2005, p. 170. [1920]

çalves Dias, mestre Valentim, Rebouças, Tobias Barreto, Patrocínio, Cruz e Souza. Eram esses "arianos sem mescla."[12]" Comentaram o projeto ainda, todos contra, Afrânio Peixoto, Teixeira Mendes e Oliveira Lima. O primeiro discordava porque acreditava que a raça era uma adaptação ao meio, portanto realidade não imutável, senão transitória. Mendes, em longuíssima carta, afirmava ser um absurdo a câmara ter deixado esse processo entrar em discussão, posto que se tratava de um projeto *desumano*, e tudo que estivesse nesta categoria constituia ataque à república.[13]

II - Imprensa negra

Mas e os negros? O que eles achavam disso? Esse tipo de questão é difícil de responder. Em geral esses sujeitos estavam alheios às discussões que aconteciam no plano mais geral da política institucional. O caso que temos em mãos é raro, na medida em que estava se discutindo um tema de grande interesse por meio da imprensa negra, ainda que essa fosse incipiente. Apresentarei ao leitor, antes de adentrar nos artigos que discutem o famigerado projeto, o jornal em que esses artigos foram publicados. *O*

---

12 REIS, Fidelis. *Op. cit.*, p 244.

13 Há ainda o parecer da Academia Nacional de Medicina, que fizera a seguinte afirmação: "Considerando os aborígines da Ásia, qualquer que seja o seu valor, são absolutamente inassimiláveis no Ocidente, por diferenças fundamentais de religião, língua, de índole e de costumes. Considerando que as leis eugênicas e econômicas se opõe á entrada de elementos dessa origem no território brasileiro, resolve, de conformidade com o art. 2º dos seus Estatutos, endereçar á Câmara dos Deputados a expressão do seu aplauso ao substitutivo da comissão de Agricultura e Indústria (*), o qual emendou o projeto 291, de 1923, e reduziu, anualmente, o número de imigrantes asiáticos a cinco por cento dos já localizados em cada Estado e reconhecidamente agricultores". Cf. REIS, Fidelis. *Op. cit.*, p. 257-258.

Getulino – orgam para a defesa dos interesses dos homens pretos, de propriedade dos Irmãos Andrade, foi publicado semanalmente de 29 de julho de 1923 a 13 de maio de 1926, em Campinas.[14] Inspirados por Luis Gama e outros negros ilustres do passado, é como os articulistas desse periódico vão agir. Constantemente afirmavam isso e faziam referências a pessoas que consideravam terem tido papel fundamental na luta contra a escravidão. Os principais colaboradores da folha eram Benedicto Florêncio, Lino Guedes, Gervasio Moraes e Evaristo de Moraes.

Em seu estudo sobre a imprensa negra, Roger Bastide afirma que a funcionalidade desse tipo de publicação não é outra senão a de integrar o negro e o público-alvo, que por sinal também é negro.[15] Esse periódico tinha uma tiragem de 1.500 exemplares, número considerável para esse tipo de imprensa. Façamos alguns cálculos: considerando que a população campineira, entre os anos de 1920 e 1926, aumentou de 115.602 para 122.257 habitantes e que o número de "pretos" e "mulatos" decresce de 20.557 a 17.898 mil pessoas,[16] a tiragem do jornal equivaleria, então, a algo em torno de 7,3% a 8,3% da quantidade de negros existentes na cidade,[17] portanto, um exemplar para cada dois ou três domicílios. Números expressivos sobretudo se considerarmos que o jornal tinha por desígnio dirigir-se exclusivamente ao público negro. Estimando-se uma média de cinco pessoas por domicilio,

---

14 Sendo que este último número foi publicado já em São Paulo, para onde o jornal havia se mudado. Sobre *O Getulino* cf. MIRANDA, Rodrigo. *Op. cit.*; MACIEL, Cleber da Silva Maciel. *Op. cit.*

15 BASTIDE, Roger. "A Imprensa Negra no Estado de São Paulo." In: *Estudos Afro-brasileiros*. Perspectiva: São Paulo, 1973, p. 137.

16 Fiz a tabela baseado em dados colhidos por Cleber Maciel. Cf. MACIEL, Cleber da Silva. *Op. cit.*, p. 66.

17 Estou chamando de "negro" a soma das categorias censitárias "pretos" e "mulatos".

cifra esta presente em estudos das populações europeias e brasileiras antes da queda das taxas de fecundidade na época contemporânea, temos o seguinte quadro:

Tiragem de jornal por habitante negro			
	N° de Habitantes em Campinas/ População Total (A)	População Negra (B)	N° estimado de unidades domésticas de habitantes negros (B/5)
1920	115.602	20.557	4111
1926	122.257	17.898	3580

Diante dos números apresentados, creio que devemos relativizar a assertiva de Bastide. De forma curiosa, temos no exemplar de 26 de agosto de 1923, a seguinte afirmação, referindo-se ao próprio *O Getulino*: "No Brasil é a primeira vez que se registra o aparecimento de um jornal de homens de cor, com oficinas próprias colaborado e redigido por homens de cor". Mais adiante, em número de 07 de outubro do mesmo ano, outra afirmação parecida:

> Apenas desejamos que os jornais criados para defender os interesses dos homens de cor, sejam de fato, dirigidos e colaborados por homens pretos porque ninguém sabe melhor o que lhe doe, do que o próprio doente.
>
> Isso de jornais de pretos escritos por brancos, sempre mereceu a nossa censura.
>
> É nesse sentido podemos atirar pedras a vontade, porque não temos telhados de vidros...

Logo, não se deve pressupor que todos os jornais cuja temática era "negra" eram escritos por negros. Mesmo *O Getuli-*

no, apesar desse discurso, contava com a colaboração de alguns articulistas brancos, como Lacerda Werneck, escritor do folhetim "Cenas do Cativeiro", publicado por essa mesma folha sob o pseudônimo de José de Nazareth. A taxa do número de exemplares vendidos era alta em demasia para se limitar apenas à população de cor, especialmente quando se leva em conta as taxas de analfabetismo entre os negros. Quanto ao preço da publicação, pareceu-me ser bastante acessível a um público que habitualmente comprava jornais. Já o exemplar avulso em *O Getulino* era de $200, assim como o do *Estadão* aos finais de semana. Portanto, uma folha custava cerca de 27% do preço de um jornal de grande circulação se assinado. Os próprios jornalistas afirmavam serem dependentes dos assinantes para continuarem essa empresa, e por diversas vezes retornaram à temática dos assinantes inadimplentes.[18]

III – Ridendo castigat mores

> *Ridendo castigat mores*:[19] eis a nossa divisa; rindo castigar os costumes.
>
> É pois nosso escopo, como já ficou dito, trabalhar pelo bem geral, o que faremos com o possível hu-

---

18 O jornal circula em outras cidades da região, há notícias no próprio *O Getulino* que dão conta de que publicações regionais citavam a presença desse periódico com relativo entusiasmo.

19 Esta máxima foi criada pelo literato Jean de Santeuil (1630-1697), e é tradicionalmente traduzida como "rindo, castiga-se os costumes". Foi usada na roupa de arlequim de um famoso artista da Commedia dell'Arte. Essa fez tanto sucesso que acabou adotada como mote pela comédia italiana e a ópera cômica. No Brasil o periódico *A Semana Illustrada* também o adotou por mote. Cf. SOUZA, Karen Fernanda Rodrigues de. *As cores do traço*: paternalismo, raça e identidade nacional na Semana Illustrada (1860-1876). Dissertação de Mestrado em História. IFCH-Unicamp, Campinas, 2007. Agradeço a autora por essa informação.

> mor e empenhando nossas forças a favor da raça pigmentada, que não obstante os *seus* esforços e o muito que tem conseguido, ainda se ressente de grandes prejuízos derivados da quadra de nefanda memória, em que esteve sujeita ao martírio inenarrável da escravidão pelo motivo de não ser branca ou amarela.
>
> Queremos a prosperidade da raça negra, *lutaremos* para que a inteligência do homem de cor seja aproveitada, para que o seu caráter iluminado pela fulgurante luz da instrução seja outro fator da grandeza deste país tão belo e que em tudo diz ser falado para um futuro invejável.[20] [grifos meus].

A passagem acima elucida o caráter do jornal: através da sátira aos costumes, promover uma mudança de comportamento na população negra. Como lembra Micol Siegel, a imprensa negra paulista procurava, ao invés de combater as representações negativas, no caso das mulheres, por exemplo, tendia a fiscalizá-las com relação a seu comportamento.[21]

O fenômeno do aparecimento desse tipo de publicação era uma resposta bastante criativa às diversas políticas repressivas em curso. Minha hipótese é a de que um dos objetivos desse tipo de publicação era, entre outras coisas, divulgar para o resto da sociedade que uma reforma nos "costumes" entre os negros não apenas era possível, mas se fazia urgente. Se criam, em verdade, na imoralidade inerente, ao exercício dessas práticas não é possível precisar, mas é válido atentar para a tentativa de agenciar essa discussão.

---

20 *O Getulino*, ano I, Campinas, n° 1, 29/07/1923.
21 SIEGEL, M. "Mães pretas, filhos cidadãos". In: CUNHA, Olivia Maria Gomes da; GOMES, Flavio dos Santos. *Quase-cidadão. Op. cit.*, p. 315-346.

Os três anos desta publicação podem ser resumidos a constantes tentativas de incorporar os negros a esta sociedade. Através da promoção de uma "educação moral", pretendia-se que estes aos poucos fossem se instruindo, e conseguindo, dessa forma, respeitabilidade social. Colocavam-se, portanto, como protagonistas desse processo, haja vista que consideravam que seus antepassados asssumiram esse papel na luta contra a extinção do cativeiro. A reforma nos costumes aparece como uma maneira de combater a discriminação, que se dava justamente por isso: pelos maus costumes. Fazem, assim, um convite a todos os negros, fossem esses pretos, mulatos ou homens de cor, a ascenderem socialmente por essa via.[22]

O modelo de herói construído e exaltado pelo jornal é formado por aqueles que lutaram contra a escravidão, perseguiram seu fim, que se utilizaram da instrução para isso. Personagens como Luiz Gama, José do Patrocínio, entre outros, por diversas vezes são lembrados:

>AVANTE!
>
>Avante! Homens de cor, á nossa ideia!
>Formemos nosso <<Centro>>, carinhoso,
>Dar luz e instrução, e ter o gozo
>De brilhante epopeia!...
>
>Que importa a nossa cor, se a nossa raça,
>Outrora maltratada, hoje ufanante,
>Nas paginas da historia que ela traça

---

[22] Com relação a esses termos no período abarcado: "homens de cor" geralmente diz respeito aos negros que ascenderam socialmente; já o termo "preto", como vimos há pouco, é usado num tom pejorativo; quanto aos "mulatos", tem-se que estes se distinguiam do restante dos negros. Certa vez, Benedicto Florêncio falou sobre os mulatos de certo clube dançante que estavam se autodeclarando não negros ao que se seguiram comentários taxativamente negativos do articulista mediante esse tipo de atitude.

Levanta-se possante !...
Lembremos *Patrocínio*, o morto ilustre,
E Gama, o grande herói, em outros tempos,
Por isso, nós devemos com igual lustre
Seguir os seus exemplos!...

A. Marques[23]

Contudo, líderes de revoltas escravas curiosamente quase nunca são citados. A exceção é a menção à figura de Zumbi em dois artigos, que enfatizavam o sentido político da "República dos Palmares".[24] O articulista a define como o "mais belo registro que deixou a escravidão entre nós".

Além da conquista da "liberdade física", faltava aos negros ainda conquistar a "liberdade moral":

> A liberdade física apareceu radiosa e fulgurante em 88, mas falta ainda a liberdade moral e intelectual, que não se obtém assim tão facilmente como a física, porque elas dependem não da vontade, mas sim do conjunto de vontades que se reúnem tão intimamente para chegar ao ponto final, como se fosse um rio a lançar no mar. Quem pode precisar o momento deste fenômeno?[25]

Como podemos notar nesse texto de Cristovam A. Junior, essas pessoas se projetavam como sujeitos históricos capazes de mudar a situação do presente. A pretensa integração social seria alcançada apenas com a sua aceitação. Para tal cabia à Imprensa Negra censurá-los. Há um poema de Augusto Marques em que esta ideia fica mais aparente:

---

23 Augusto Marques. "Avante". In: *O Getulino*, ano II, n° 46, 06/07/1924.
24 A. Duarte de Barro. "A Republica dos Palmares". In: *O Getulino*, ano II, Campinas, n° 58, 26/10/1924 e n°59, 02/11/ 1924.
25 "Cartas Fluminenses". In: *O Getulino*, ano I, Campinas, n° 6, 02/9/1923.

> A ESCOLA DO VICIO
> (AOS DANÇARINOS MODERNOS)
>
> Pretos, mulatos, meus irmãos em raça,
> Abandonai a orgia em que viveis;
> Deixai o baile, a casa da desgraça,
> E reparai depois o que sereis!...
>
> O tempo aproveitai a vida passa
> Do livro utilizai as sabias leis
> Aproveitai ao menos esta graça:
> A de instruir-vos e, depois vereis...
>
> Quão grande e pernicioso é o remelexo
> Das danças e dos bailes e o seu desfecho,
> Bem triste, onde a moral jamais se expande!...
>
> Deixai o baile! a escola perniciosa
> Onde se murcham pétalas de rosa
> Ao barulhento som do *jazz band*
>
> Campinas, outubro, 1924 / Augusto Marques.[26]

Temos, portanto, a repressão pública desse tipo de comportamento. É uma postura rígida, aparentemente similar à da imprensa regular. Contrapõe-se, contudo, suas respectivas intenções.

O jornal era também marcado por diversas atividades afirmativas, tais como concursos de beleza negra e a exaltação de negros que estavam conseguindo se integrar na sociedade.

Em suma, eram esses os desígnios principais de *O Getulino*, aliar seu estilo integracionista à organização da "comunidade", ainda que imaginária, e à divulgação de informações e reclamações que fossem de "interesses dos homens pretos". Constituía-se um ativo espaço de disputa e negociação política.

---

26 *O Getulino*, ano II, Campinas, n° 56, 12/10/1924.

IV - Em torno de um projeto

"Em torno de um projeto"

Nunca pensei que os altos dirigentes
Que moram na belíssima cidade
Onde Cristo, pelo fervor dos crentes,
Do corcovado vai ser a Majestade!...

Nunca pensei que sábios intendentes
De leis, votassem, contra a liberdade,
Aprovando um projeto, indiferentes,
Cometendo uma tal monstruosidade!...

Todos podem buscar a nossa terra,
Atraídos pelo ouro que ela encerra
Em busca de melhoras ou de emprego;

De acordo c'o projeto, realidade,
Não se olha posição nem qualidade,
E bastante somente não ser negro!...

Campinas, Janeiro, 1924.
Augusto Marques.[27]

Tendo entrado em discussão na câmara o citado projeto, as reações em *O Getulino* foram imediatas. O tema os exigiu a dissertarem acerca das aproximações e distanciamento existentes entre negros e brancos no Brasil e a estabelecerem uma comparação com os Estados Unidos. O principal formato utilizado era o artigo, embora alguns fizessem poesias, como a que vimos há pouco. Essa em especial me pareceu bastante representativa, posto que consegue, com muita acuidade, elucidar o ponto capital do

---

27 Augusto Marques, "Em torno de um projeto". In: *O Getulino*, ano I, Campinas, n° 29, 10/02/1924.

projeto: a restrição à entrada de negros.²⁸ Só viria entrar em voga mais tarde, com traduções dos primeiros poetas negros da América do Norte, como Langston Hughes, por exemplo.²⁹

Em "Os negros norte-americanos", Lacerda Werneck mostra que é a favor do projeto porque, segundo arrazoava, isto acarretaria na agravação do problema do negro brasileiro.³⁰ Segundo ele, a imigração dos negros norte-americanos traria, sobretudo, "diferença de costumes, de hábitos de tradições e de língua, e o ódio indomável à raça branca existente nos negros yankees". Pensa até ser possível aceitá-los, quando sua vinda não significar uma "tentativa de (conquista)". Apesar destes não convirem como elemento de colonização, não deveria ser motivo, entretanto, para se fecharem as portas do país a negros de outras procedências.

O jurista Evaristo de Moraes explicitou suas opiniões acerca do tema com a publicação do artigo "Brancos, negros e mulatos".³¹ Nesta folha, sempre assumiu papel central, debatendo os temas mais polêmicos. Nesse caso em específico, reconheceu que o jornal não era um veículo adequado para se acessar a questão. Entretanto, toca em elementos que, apesar de serem

---

28 Ideia presente em: LEITE, José Correia. E disse o velho militante José Correia Leite: depoimentos e artigos. (org. Cuti). São Paulo: Secretaria municipal da cultura, 1992, p. 38.

29 Langston Hughes foi um escritor de prosa e poesia afro-americano. É considerado um dos expoentes da Harlem Renaissence. Sobre o autor: cf. HASKINS, James S. Always movin' on: The life of Langston Hughes. Trenton, NJ: Africa World Press, 1993.

30 *O Getulino*, ano I, Campinas, n° 31, 24/02/1924.

31 *O Getulino*, ano I, Campinas, n° 23, 30/10/1923. Para saber mais sobre Evaristo de Moraes, cf. MENDONÇA, Joseli Maria Nunes de. Evaristo de Moraes, Tribuno da República. Campinas: Editora da Unicamp, 2007.

apenas esboçados, explicita sua posição.³² O primeiro ponto de destaque é o caráter informativo do artigo. Oferece ao leitor comum, não somente a oportunidade de saber sobre o dito projeto, a de conhecer a teoria pretensamente "científica" por trás do argumento. Critica o fato de que argumento estava se apoiando nas idéias de Gobineau, Huxley e Lapouge para demonstrar a suposta inferioridade da raça negra.³³ Dirigiu também sua censura aos próprios teóricos que "se revelaram alheios às condições da fusão étnica operada entre nós, e imbuídos de preconceito, *não puderam prever os progressos de nossa civilização*" [grifos meus]. Segundo ele, Moraes cerceou a proposta em diversos âmbitos. Por exemplo, apontou uma incoerência epistemológica logo de início, pois se considerarmos que Gobineau é de opinião de que a "raça pura" trazia benefícios à civilização, não fazia sentido trazerem imigrantes espanhóis, italianos ou franceses, visto que estes não eram mais "puros".

Faz uma breve avaliação da sociedade norteamericana. Entendia que a teoria étnica de Gobineau era o que sustentava a apologia do afastamento mantido entre as raças naquele país. A lógica desta corrente de pensamento estaria baseada na superioridade inconfundível do ariano e na absoluta inadaptação dos povos de outras raças a aspectos tais como aquisição de inteligência, normas da moral e conquistas do direito.

---

32 O autor fará isso com maiores possibilidades de argumentação no artigo "Imigração negra – é constitucional o projeto apresentado à Câmara dos Deputados, proibindo a imigração de pessoas de cor preta?". In: Boletim do Instituto da Ordem dos Advogados do Brasil, vol. 2, n°4, 1926, p. 58-86.

33 Lapouge, discípulo francês de Gobineau, muito lido no Brasil, declarava que "a simples operação das leis da hereditariedade basta, assim, para produzir a decadência dos povos mestiçados". Cf. SKIDMORE, Thomas E. Preto no branco: raça e nacionalidade no pensamento brasileiro. Rio de Janeiro: Paz e Terra, 1976, p. 265. (Nota n° 39).

Moraes contra argumentava empiricamente que essas teorias não se sustentam. *O Getulino* e os demais jornais negros da época são o melhor exemplo disso, pois sempre exaltavam negros que se destacavam nas ciências, nas letras e nas artes.

Em "Os negros nos Estados Unidos e no Brasil",[34] Moraes explica que a ação dos negros norte-americanos como reflexo do tratamento que o branco lhe dava. Ainda no início do artigo, transcreveu um trecho extraído do *Diário Oficial da União* que julgava descrever bem os reais interesses do autor do projeto:

> Além das razões de ordem étnica, moral, política, social e, talvez mesmo, econômica, que nos levam a repelir, 'in limine', a entrada do amarelo e do preto no caldeamento que se está operando sob o nosso céu, neste imenso cenário, outra, por ventura, existe a ser considerada, 'que é o ponto de vista estético e a nossa concepção helênica da beleza jamais se harmonizaria com os traços provindos de uma semelhante fusão racial.

Fidelis Reis não queria que os negros norte-americanos imigrassem para o Brasil, portanto, pelo simples fato de serem negros. Moraes, por seu turno, apontou para o absurdo que constituía a utilização de tal argumento.

Para Moraes, não havia sentido na sua aprovação por não considerar o negro estadunidense um perigo. Estando estas pessoas expostas a outro meio de convívio que não aquele onde imperasse o brutal ódio mútuo entre as raças, seu comportamento, sua forma de se relacionar com os brancos tenderia à mudança e à aclimatação.

---

34 *O Getulino*, ano I, Campinas, nº 25, 13/01/1924.

V – Cartas d'um negro

Em 23 de setembro de 1923, foi publicado no jornal o primeiro de uma série de artigos intitulada "Cartas d'um negro", escrito por Benedicto Florêncio.[35] O título reitera a ideia de que "ninguém sabe melhor o que lhe dói do que o próprio doente". Cria que a vinda dos negros norte-americanos ao país prejudicaria a solução dos problemas dos negros brasileiros e estaria a ameaçar a "harmonia da raça e a paz da nação".[36] Naquele país, a violência, por ser física, era mais explícita, mais palpável. Para o articulista, os negros brasileiros deveriam integrar-se à nação. Acreditava que os movimentos promovidos por negros norte-americanos (e ele cita nominalmente Marcus Garvey) em geral propunham a volta dos negros à África, com o lema "África para os africanos". Entende que Garvey queria despertar um sentimento de orgulho racial nos negros espalhados por todo o mundo.[37]

Quando Florêncio se referiu à "paz da nação", é provável que estivesse pensando no espantoso número de linchamentos existentes nos EUA, quando não às "*hate organizations*", como a Ku Klux Klan, haja vista que mais adiante afirmou que os pretos brasileiros estavam acompanhando com o "maior carinho" todos os acontecimentos sociais do "nosso povo" dentro daquela "babilônica República".[38]

---

35 *O Getulino*, ano I, Campinas, n° 9, 23/09/1923.
36 "Cartas d'um negro". In: *O Getulino*, ano I, Campinas, n° 9, 23/09/1923
37 Sobre Garvey, cf. STEIN, Judith. The world of Marcus Garvey: race and class in modern society. Baton Rouge: Louisiana State Univ., 1986; MOSES, Wilson Jeremiah. Creative conflict in African American thought: Frederick Douglass, Alexander Crummell, Booker T. Washington, W.E.B. Du Bois, and Marcus Garvey. Cambridge: Cambridge University Press, 2004.
38 Sobre as "*hate organizations*" e os linchamentos, cf. SLENES, Robert Wayne Andrew. "'O Horror, O Horror': O contexto da Formação de Identidades

Ainda no primeiro número da referida série, foi apresentada a posição do autor com relação ao projeto: defendeu que o problema do negro norte-americano não podia ser resolvido a partir da mesma ótica do brasileiro, e parabenizou o governo pela "atitude patriótica" tomada, já que pensava ser necessário combater a "invasão" pela "pena e pela palavra".

É interessante perceber que isso nos remete a várias instâncias de sua identidade social. Ao mesmo tempo em que afirmava que os negros norte-americanos eram seus "irmãos de cor", aprovou uma medida que os desfavorecia, sobrepondo seu projeto de integração à qualquer outro interesse.

Ao concordar com Baptista de Lacerda quanto a suposta inferioridade do negro, temos mais uma pista disso:

> Não queremos rebater essas afirmativas e mui propositadamente mesmo, não discutiremos as origens científicas do atraso da *nossa forte e heróica raça*, pois que esse assunto é familiar a todo e qualquer curioso dos livros, desses que estudam os segredos da etnografia e as belezas da etnogenia.
>
> E por que sejamos representantes de uma raça inferior, devemos ser condenados a força do preconceito social?[39] [grifos meus]

Trata-se de uma argumentação peculiar. Concorda com um autor racista sem concordar. Privilegia a explicação social para o "atraso" dos negros com relação as demais raças. Desloca a discussão para este ponto, o "preconceito social". Ao invés de negar a

---

Mestiças no Rio de Janeiro dos Anos 1920" (apresentação). In: GOMES, Tiago de Melo. Um espelho no palco: identidades sociais e massificação da cultura no teatro de revista dos anos 1920. Campinas: Editora da Unicamp, 2004.

39 A passagem é citada também pelo historiador Rodrigo Miranda, cf. MIRANDA, Rodrigo. *Op. cit.*, p. 81.

inferioridade do negro nesse contexto, reorganiza o sistema explicativo para a formação das desigualdades.

Se um dos propósitos do jornal era, através da crítica, instigar os negros a rever posicionamentos e adotar meios para que se integrassem na sociedade, num grau de aceitabilidade cada vez maior, deduz-se que o receio do autor era de que a vinda desta população ao Brasil acarretasse em uma situação parecida com a americana. Entendia, pois, que diferentemente do racismo brasileiro, o racismo estadunidense não permitia, não promovia qualquer tipo de interação maior entre negros e brancos. Aproximava-se, aparentemente, de Oliveira Vianna, mas uma leitura mais acurada revela que são diametralmente opostos.

Para Florêncio, há divergências em sua maneira de refletir sobre o problema e a de Marcus Garvey. Mencionou que acompanhou os acontecimentos da International Negro Conference. Lia Trotter, assim como ao *Boston Guardian*. No seu entender, estava, portanto, a par dos problemas que envolviam a raça negra. Avaliava ainda que Brasil e Estados Unidos possuíam histórias cujos caminhos necessitavam de respostas diferentes.

Antônio Sérgio Alfredo Guimarães desenvolveu o argumento de que, ao contrário do que ocorreu nos EUA, no Brasil não havia lugar para outra cultura que não fosse a nacional.[40] Havia uma espécie de adesão à pátria brasileira à medida em que ocorria um "afastamento cultural" da África. O mecanismo de integração nacional dos negros paulistanos passou a ser o de organizar-se politicamente em torno da raça, recusando assim valores culturais africanos, afro-brasileiros e populares, propondo a incorporação dos valores das elites brancas.

---

40 GUIMARÃES, Antônio Sérgio Alfredo. "Notas sobre raça, cultura e identidade na imprensa negra de São Paulo e Rio de Janeiro, 1925-1950", In: *Afro-Ásia*, n°29/30, 2003, p. 247-269.

Essa história estava sendo construída no contato, na negociação quotidiana, no conflito, na tentativa e no erro. Não se tratava de um projeto intelectual coletivo e ordenado. Entendo como um conjunto de ações espontâneas, que são respostas possíveis. Uma réplica aparentemente conservadora, mas que reflete um intricado jogo de negociação e sutileza.

VI – Dr. Abbot e o Brasil

Campinas tinha mais jornais negros. Pela leitura de *O Getulino*, percebe-se que havia certa divergência entre estes. Faço esta ressalva pelo fato de que geralmente estes periódicos de Campinas costumavam não somente mostrar opiniões diferentes sobre determinados assuntos, mas trocavam acusações públicas. Não se tendo as demais publicações para estabelecer uma comparação (fora um número de *O Baluarte* e um de *A Proctetora*), a imagem que resta é a construída pela folha dos irmãos Andrade. E nesse episódio em específico, Florêncio afirma que outro jornal negro de Campinas, chamado *A Protectora*, da Associação Protectora dos Brasileiros Pretos, estaria mais a desproteger a "classe" do que a protegê-la, devido ao fato de terem enviado um emissário ao Rio de Janeiro para cobrir a chegada do milionário negro e famoso jurista dr. Abbot, proprietário e redator-chefe do jornal norte-americano *Chicago Defender*. O autor se põe a questionar acerca da visita de um dos mais vibrantes polemistas da América do Norte. Estaria ligada ao início do plano prático do programa expansionista da Universal Negro Improvement Association, ou seria um missionário da poderosa National Association for the Advancement of Colored Peoples? O segundo artigo da série "Cartas d'um negro" tem por tema o sentido que teria a vinda do dr. Abbot ao Brasil. Analisa suas conferências, suas palavras, sua atitude e por fim a confronta com o programa da reunião realizada em 2 de agosto de 1920, organizada pela Internacional Negro Conference. É interessante observar a preocupação do autor com a possível ligação de Abbot com as citadas organizações. Esse é um exemplo de como ao menos uma parte da imprensa negra do período era radicalmente contra os ideais pan-africanistas.[41] Em diversas oportunidades, vemos que para esses articulistas é compreensível que os negros norte-americanos queiram imigrar para a região de onde vieram seus avós, haja vista a maneira como haviam sido alijados pela sociedade em função de um terrível e recíproco ódio de raça. Mas a ideia é terminantemente repudiada quando se trata da vinda desses ao Brasil. Mais do que saber sobre a História dos negros nos Estados Unidos, somos informados sobre a leitura que os negros brasileiros faziam sobre o assunto, ou ainda a respeito das diversas leituras que realizavam.

O autor conclui que o fato de Abbot não ter conversado com jornalista renomado ou "homem preto de responsabilidade político social" e, principalmente, não ter dito durante suas conferências que representava um grupo de enormes recursos financeiros - e iria comprar terras e enviar agricultores e conhecedores da lavoura de algodão, haja vista que, nesse mesmo artigo, Benedicto Florêncio afirma que dr. Abbot mandou um comunicado à *Associação da Imprensa* para que se anunciasse isto - indica que uma preocupação muito séria o arrastou ao Brasil.

No terceiro e último artigo da série, Florêncio procurou elucidar ao leitor o conteúdo das conferências realizadas por Abbot, argumentando que, à primeira vista, aquele que chegava ao Brasil podia pensar que não existia preconceito no país, e provavelmen-

---

41 Pela argumentação de Florêncio, acredito que seja bem provável que A Protectora fosse a favor da vinda. Infelizmente o único número restante dessa folha não é desse ano.

te esta foi a impressão que teve o "campeão da raça negra". Continuou afirmando que a situação do negro no Brasil, comparada com a norte-americana, seria o supremo ideal, mas isso apenas para aqueles que, como Abbot, viessem de um país onde o negro é visto como um "leproso moral". Por fim, assertou que, apesar de não haver linchamentos e expressões racistas de tal envergadura no país, isto não significava que não havia preconceito.

Em certa medida, operou com Abott na mesma lógica com a qual acusou os norte-americanos de fazerem com o Brasil. Porém, o ponto de maior interesse é enxergar ódio racial nos EUA e preconceito no Brasil. Isso explica, em partes, sua postura até aqui. O preconceito é passível de correção, é o principio da suspeição generalizada; o racismo é a certeza do dano.

Sendo o jornal um veículo que primava pela tentativa de exaltar um determinado tipo de negro, percebe-se que este processo acabava por forjar uma identidade. Primeiramente, era necessário recuperar a autoestima deste, mostrar-lhe que ele podia ser capaz de assimilar certos valores. A exposição massiva de negros ilustres, pessoas que dentro de um determinado contexto se destacaram por não se acomodarem, é uma das estratégias.

Esses autores compreendiam os motivos que levavam os norte-americanos a buscar suas raízes na África e a construir uma nova nação, pois os brancos do Hemisfério Norte não os consideravam parte constituinte do país, e sendo minoria, era natural que de lá quisessem sair, situação esta oposta à brasileira. Apesar do racismo e das barreiras que se impunham aos negros, entendiam que com organização e mudança dos indicadores sociais, dentre os quais se destacava a diminuição da taxa de analfabetismo, conseguiriam o respeito do branco. O problema do racismo no Brasil, portanto, residia na questão dos "costumes", e não na cor de pele.

Para esses jornalistas, havia muito que se fazer ainda para o projeto de emancipação da raça iniciado por Luiz Gama, e muitos outros a serem concluídos. Portanto, não deveria o negro leitor se acovardar perante a situação em que se encontrava, pois não se tratava de "açúcar que já deu ponto".[42]

Capítulo III
Sobre o 13 de maio
e o não trabalho

> Não foi o ato das alforrias em massa dos últimos dias, essas alforrias *incondicionais*, que vêm cair como estrelas no meio da discussão da lei da abolição. Não foi; porque esses atos são de pura vontade, sem a menor explicação. Lá que eu gosto da liberdade, é certo; mas o princípio da propriedade não é menos legítimo.[1]

I – Do mote

Este capítulo se destina à apreciação de dois temas supostamente alheios um ao outro. Num primeiro momento, atento às significações do 13 de maio, estabelecendo uma inter-relação entre as circunstâncias que circundaram o evento. Em seguida, volto-me à discussão do não trabalho no pós-abolição. Meu argumento é de que são questões conexas, e tenciono comprová-lo por meio desta redação.

Desde Florestan Fernandes, a capacidade dos negros de se "adaptarem" ao mundo do trabalho, idealizado pelas classes dirigentes, é tema recorrente na literatura sobre o pós-abolição.

---

1 ASSIS, Machado. *Bons dias!*. Introdução e notas John Gledson, 3ª ed. Campinas: Editora da Unicamp, 2008, p. 101.

O exercício a que me proponho aqui é desvelar as articulações entre os temas "trabalho" e "não trabalho"; como aparecem (ou se ocultam) nas decisões políticas tomadas pelas autoridades, expressas na banalidade do quotidiano, aparentemente desprovido de profundidade e desimportante.[2] Mais do que precisar o grau de inserção dessas pessoas no mercado de trabalho formal (e há vários estudos nesse sentido que o fazem muito bem), vale o esforço de fariscar as concepções de trabalho que esses sujeitos acionavam.[3] Há uma passagem de Fernandes que ataca a raiz do problema:

> O liberto se viu convertido, sumária e abruptamente, em senhor de si mesmo, tornando-se responsável por sua pessoa e por seus dependentes, embora não dispusesse de meios materiais e morais para realizar essa proeza nos quadros de uma economia competitiva.[4]

Para além da indigesta generalização que realiza acerca do comportamento do "liberto", Fernandes se depara com uma situação que interpreta como ausência. Essa ideia vai na contramão do que pretendo argumentar. Onde ele vê a causa, enxergo uma questão, ainda sem resposta. As aspirações dos "13 de maio" importam e devem ser entendidas nos seus próprios termos. Com essa atitude diante das fontes, mantêm-se acesa a possibilidade de entrar em contato com os seus modos de proceder, com suas

---

2   Thompson nos mostra que, na Inglaterra do século XVIII, certas atitudes das classes mais baixas, se lidas com cuidado, revelam significado político, não necessariamente revolucionário, mas contestador. Guardadas as devidas proporções, é o que vemos aqui. Cf. THOMPSON, E. P. *Senhores e Caçadores*: a origem da lei negra. Rio de Janeiro: Paz e Terra, 1987.

3   Cf. entre muitos outros, ANDREWS, George Reid. *Op. cit.*; MATTOS, Hebe Maria. *Das cores do silêncio. Op. cit.*; FRAGA FILHO, Walter. *Encruzilhadas da Liberdade. Op. cit.*

4   FERNANDES, Florestan. *Op. cit.*, p. 29.

estratégias de enfrentamento com a vida, com suas concepções sobre o trabalho. Concepções que, eventualmente, não acordam com o discurso das classes dirigentes. Justamente por essa atitude não devem ser desprezadas, posto que isso contribui para a solidificação do discurso elaborado por seus opressores, firmando-o como a versão vencedora dessa história.

II – Os dias anteriores

Janeiro de 1887. Em seu relatório ao presidente da província, o então chefe de polícia – que acabara de ser promovido a chefe de polícia da corte –, o senhor Salvador Q. Moniz Barreto de Aragão, relatou os ocorridos decorrentes da crise do elemento servil.[5] O tom da narrativa era, paradoxalmente, orgulhoso de suas ações e receoso com relação às possibilidades de lidar com os problemas causados por estes. Queixava-se que havia um escasso número de praças à sua disposição, e que, numa quantidade grande de cidades, os ânimos teriam se exaltado. Em Piracicaba, por exemplo, o fazendeiro Luiz Gonzaga resolveu libertar condicionalmente dois escravos, e o fez saber "apenas" na imprensa local. Esses "ingratos", por seu turno, resolveram fugir, e através da estrada de Ferro Ituana rumaram para a capital. Chegando em Itu, foram detidos e recolhidos à cadeia, haja vista que o proprietário dos escravos tencionava reavê-los. Poucos dias depois, esses mesmos presos voltaram com alguns camaradas para Piracicaba, sob condução da polícia. Na cidade, um grande número de pessoas se reuniu e conseguiu libertar os dois. No dia seguinte havia "mais de mil pretos" ocupando as ruas e causando desordens. A

---

5   As informações referentes à polícia foram extraídas dos relatórios do chefe de província de São Paulo de 1887 à 1889 e dos relatórios ao presidente do Estado até 1906.

multidão só teria sido contida quando a parte "séria" da população interveio, ajudando a polícia com armas.

A essa época, notícias da população em revolta eram bastante rotineiras nos jornais.[6] Tão rotineiro quanto notas informando sobre senhores que alforriavam escravos:

> Libertação em massa
>
> O senhor tenente-coronel Joaquim Ribeiro de Avellar, fazendeiro em Paty de Alferes, província do Rio, concedeu a liberdade a todos os seus escravos em número de 320, desistindo ao mesmo tempo do serviço de 193 libertos sexagenários e 193 ingênuos.[7]
>
> Liberdade
>
> O escravo Domingos, pertencente ao senhor dr. Guilherme Silva, libertou-se indenizando seu senhor com a quantia de 200$000 e ficando obrigado a prestação de serviço a terceiro, pelo espaço de ano e meio.
>
> A respectiva carta foi registrada em nome do tabelião dr. Silva.[8]

Todos os dias havia notícia de, no mínimo, mais uma libertação. Senhores repentinamente se viam tocados, comovidos diante do drama daquela gente de pele escura, e se descobriam "membros de uma família de profetas *aprés coup, pos factum* depois do gato morto". Essas notícias de senhores alforriando escravos em massa compõem o último ato do paternalismo, da

---

6 Cf. AZEVEDO, Célia Marinho. *Op. cit.*; SCHWARCZ, Lilia Katri Moritz. *Retrato em branco e negro:* jornais, escravos e cidadãos em São Paulo no fim do século XIX. São Paulo: Companhia das Letras, 1987; MACHADO, Maria Helena Pereira de Toledo. *Op. cit.*

7 *Diário de Campinas*, terça-feira, 15/3/1987.

8 *Diário de Campinas*, sexta-feira, 4/3/1987.

política de produção de dependentes.⁹ Os dois exemplos citados ilustram situações distintas. Na primeira, o senhor tenente-coronel Joaquim Ribeiro de Avellar concedeu. Notemos que, nesse jogo entre senhor e cativo "conceder" não era um termo inocente. O senhor – que se projeta, como uma entidade superior – era o agente da decisão, da ação. O ato de alforriar parte de seu anseio, contava com sua bondade e vontade. Isso fazia parte da sua retórica, de seu modo de situar-se no mundo e ordenar as relações sociais, mesmo nesse caso, quando um direito, como o do escravo alforriar-se mediante o pagamento de pecúlio, era garantido pela lei de 28 de setembro de 1871, independentemente da disposição de seu proprietário.¹⁰ Já a leitura da segunda nota também é reveladora, mas noutra questão. Domingos, que era tratado curiosamente por escravo mesmo já estando liberto no momento da escritura da nota do jornal –, pagou uma polpuda indenização ao senhor, e acrescido disso, ficou "obrigado" à prestação de serviços, ao que tudo indica sem remuneração. E isso tudo em 1887, quando, ao que parece, muito se falava que, mais dia menos dia, a libertação plena de todos os escravos ocorreria.

---

9   Sobre essa política, cf. especialmente o primeiro capítulo de: CHALHOUB, Sidney. *Machado de Assis*, Historiador. São Paulo: Companhia das Letras, 2003.

10 Segundo Sidney Chalhoub, essa lei reconhece legalmente aquilo que já era prática corrente, própria do direito costumeiro. Cf.: CHALHOUB, Sidney. *Visões da liberdade*. *Op. cit.*, p. 159. Sobre a retórica senhorial, cf.: PEDRO, Alessandra. *Liberdade sob condição*: Alforrias e política de domínio senhorial em Campinas, 1855-1871. Dissertação de Mestrado em História. IFCH-Unicamp, 2009.

Tab. 1 - Municípios da Província de São Paulo com mais de mil escravos libertos				
Municípios	Escravos rematrículados que atingiram a idade de 60 anos em 20 de março de 1888	A título gratuito e oneroso por ato particular	Por conta do confundo de Emancipação	Óbitos registrados desde 30 de março de 1887 a 20 de março de 1888
Amparo	23	1.090	10	69
Campinas	19	4.579	14	37
Itatiba	12	1.628	–	38
Limeira	12	1.607	15	33
Pindamonhangaba	45	1.475	7	36
Piracicaba	15	1.557	12	20
S. Carlos do Pinhal	11	1.657	–	13
S. João do Rio Claro	13	1.595	–	33
Tietê	2	1.703	–	5
Taubaté	13	2.269	–	25

Tab. 2 - Escravos matriculados na província de São Paulo de acordo com regulamento de 14 de novembro de 1885[11]

Município	Número de escravos	Valores dos escravos
Amparo	3.524	2.538:850$000
Campinas	9.986	6.851:675$000
Itatiba	2.182	1.495:425$000
Limeira	2.374	1.667:650$000
Pindamonhangaba	–	–
Piracicaba	3.416	2.355:150$000
S. Carlos do Pinhal	2.982	1.906:450$000
S. João do Rio Claro	–	–
Tietê	1.195	1.338:200$000
Taubaté	2.668	2.020:100$000

O ritmo de alforrias na região de Campinas (assim como no restante do estado de uma forma geral) era acelerado. As tabelas nos dão uma dimensão disso. Como podemos observar, Campinas, em 1885, tinha 9.986 escravos matriculados. A população to-

---

[11] As tabelas 1 e 2 apresentam dados colhidos dos relatórios do presidente do província dos anos finais do Império. Vide Relatorio apresentado á Assembléa Legislativa Provincial de São Paulo pelo presidente da provincia, exmo. snr.dr. Francisco de Paula Rodrigues Alves, no dia 10 de janeiro de 1888. São Paulo: Typ. a Vapor de Jorge Seckler& Comp., 1888.

tal da cidade era de 41.253 pessoas, logo, aproximadamente 23% dessa população era composta por cativos.[12] Entretanto, em meados de 1888, antes da abolição, 4.649 escravos foram alforriados, sendo que 98,5% desses a título "gratuito e oneroso por particular". Essas, em última instância, eram alforrias condicionais. O senhor livrava o escravo de ter de depositar o pecúlio, entretanto, estabelecia condições para sua efetivação, que poderiam ser, por exemplo, a prestação de serviços por algum tempo determinado.

Às vésperas da abolição, já estava bastante evidente, na cabeça dos senhores ao menos, que esse sistema não se sustentaria por muito mais tempo. Por mais unilateral que pudesse parecer, essas ações demandavam negociação (ainda que velada) entre senhores e escravos. De um lado tínhamos os escravos resistindo, entrando na justiça e se rebelando. Do outro, uma tentativa de exercer, mesmo que simbolicamente, algum tipo de influencia sob os cativos por meio do uso de sua retórica habitual, ignorando esses acontecimentos.[13] Era uma resposta aos conflitos que os escravos, agora com amplo respaldo popular na luta pela abolição, produziam, fugindo e desorganizando a produção em várias regiões do país.[14] A forma como as tensões se desenvolveram revelavam momento de crise. A sublevação escrava ganhou, nesse contexto, novos sentidos.

---

12 Sobre dados populacionais de Campinas, utilizou aqueles levantados por Maciel. Cf.: MACIEL, Cleber da Silva. *Op. cit.*, p. 66.

13 Esse argumento vai ao encontro do que sugere Peter Eisenberg a respeito desse tópico. Cf. EISENBERG, Peter. *Homens Esquecidos:* escravos e trabalhadores livres no Brasil – Séculos XVII e XIX. Campinas: Editora da Unicamp, 1989.

14 No recôncavo baiano, por exemplo, os escravos estavam cientes do fim iminente da escravidão. Tinham conexões com pessoas simpáticas à causa. Cf.: FRAGA FILHO, Walter. *Encruzilhadas da Liberdade. Op. cit.* Especialmente o capítulo 2, em que o autor faz uma avaliação das tensões e dos conflitos em um engenho.

A pressão exercida por diversos agentes interessados na abolição se impôs à classe senhorial. Esta, vendo-se acuada, numa última tentativa de fazer valer seus desejos, tomou a si o protagonismo desse processo. Intentava garantir lugar de destaque enquanto provedora da emancipação escrava, ao mesmo tempo em que outra discussão entrava em seu horizonte.

> Não é natural, nem devemos esperar, que todos os trabalhadores escravos, adquirindo a liberdade, permaneçam nos estabelecimentos agrícolas e se dediquem aos rudes serviços da lavoura. Com a modificação do sistema a fixação do salário e dos esforços d proprietário, muitos libertos poderão, embora deslocando-se das fazendas em que viveram como escravos, continuar a prestar serviços á lavoura. Creio porém, que a maior parte, pelo menos no primeiro período da libertação, fugirá ao trabalho, ócio e a vadiagem.[15]

Notícias especulando sobre o provável comportamento dos negros após a escravidão estavam à ordem do dia. O exemplo citado encerra as preocupações centrais das classes dirigentes. Seriam os ex-escravos afeitos ao trabalho sem imposição? As mais diversas teorias foram postas no papel. Diferentemente das "leis abolicionistas", essa, da noite para o dia, igualou a todos juridicamente.

Numa ação datada de abril de 1888, Pedro Egydio de Souza Aranha, integrante de uma importante família da região, de-

---

15 *Relatorio apresentado á Assembléa Legislativa Provincial de São Paulo pelo presidente da provincia*, exmo. snr. dr. Francisco de Paula Rodrigues Alves, no dia 10 de janeiro de 1888. São Paulo: Typ. a Vapor de Jorge Seckler & Comp., 1888, p. 21-22

sistiu da tutela de uma menor, de nome Alexandrina.[16] Segundo nos informou, havia libertado todos os seus escravos e "desistido do serviço dos ingênuos". Os pais da menor haviam fugido e não quiseram abandoná-la à míngua. O processo não esclareceu toda a história, mas o fato dos pais terem "fugido" denotava se tratar de uma alforria condicional.

Em 1888, a conquista da liberdade através da justiça ainda era uma opção. Significava, quase sempre, uma conquista, e o reconhecimento de que era, enfim, liberto; logo, o afastamento da imagem degradante do cativeiro e a ascensão social.

Esse era o caso de Guilhermina, uma escrava sexagenária que queria a libertação de toda a sua família.[17] Para alcançar tal façanha utilizou um argumento relativamente simples: tendo chegado ao país depois de 1831, sua escravização era ilegal, assim como a de todos os seus descendentes. Ela mobilizou um número muito grande de documentos e dispôs de grande parte de suas economias para a conclusão do processo. Foner, analisando o caso americano, nos convida a pensar como a liberdade era valorizada pelos escravos, mesmo que o presente lhes parecesse tenebroso.[18] Talvez para o escravo a abolição fosse, mesmo em 1886, algo incerto, apesar do movimento abolicionista e das mudanças nas leis. Tão incerto ao ponto de muitos indivíduos não apenas disporem de grandes encargos financeiros, economias de uma vida inteira, mas também de conclamar apoio de terceiros, como curadores e advogados, ou ainda rábulas, para garantirem

---

16 Alexandrina (menor); doação tutor, ofício 3, caixa 37, processo n° 00476. TJC, CMU, 1888.

17 Vide a transcrição da carta em Anexos.

18 FONER, Eric. *Nada além da liberdade:* a emancipação e seu legado. Rio de Janeiro: Paz e Terra, 1988.

sua liberdade.¹⁹ O que denota, por um lado, que as coisas não estavam ainda resolvidas de cima para baixo, e revela, por outro, que os escravos não estavam dispostos a aceitar a emancipação como prerrogativa senhorial, e a tomaram para si o protagonismo da ação, seja por meio de fugas, ações judiciais ou a combinação de ambas as frentes.

III – Na imprensa

Na modernidade, uma das formas mais profícuas de se entender um episodio é voltar-se à imprensa. Não para informar-se a respeito do ocorrido, mas antes para que, a partir da interpretação que nos oferecem das questões, que julgavam relevantes, e silêncios onde perpassam as descrições pretensamente objetivas, seja possível impetrar nas particularidades da sociedade em pauta; a abolição, em se tratando de um evento de envergadura nacional, foi assunto recorrente. Pus-me a ler periódicos de grande alcance para uma primeira aproximação com o tema.

Havia uma cena *post factum* nesses jornais que se repetia tão insistentemente a ponto de inaugurar vitoriosamente a ideia de que a abolição foi uma dádiva. Essa cena seguramente perdeu fôlego no meio acadêmico já há algum tempo, embora perdure em outras esferas de nossa sociedade, o que comprova sua força. Esse episódio foi dramaticamente encenado nas páginas das mais diversas publicações, e é daí que ela deriva. Órgãos de imprensa relevantes, como a *Revista Ilustrada*, ofereceram aos seus leitores uma edição especial a respeito do ocorrido; e a nós, mais de 120 anos depois, apresentou a dimensão da euforia e o "sentimento" de nacionalidade exacerbada que teria comovido todas as classes, como queriam encampar.

---

19 Cf. AZEVEDO, Elciene. *Orfeu de Carapinha*. Op. cit.

Aqui salta aos olhos que Agostini opta por *não* representar qualquer personagem negra.[20] Essa é uma primeira observação. Notemos que na porção superior há dois escudos cujas inscrições são datas fundamentais no processo de emancipação (1831 e 1871); abaixo arlequins comandam as celebrações, um deles empunha uma bandeira do Império e a finca sob um estandarte onde é reproduzido um trecho do texto da lei áurea. Os nomes de José do Patrocínio, Joaquim Nabuco, Senador Dantas e João Clapp aparecem enfileirados junto a essa. O texto que acompanha a imagem informa que durante os festejos a redação da revista foi saudada por diversas "sociedades, corporações e classes". Depreende-se disso que a peça retrata, efetivamente, as comemorações ocorridas em frente a sua redação, ainda que de maneira alegórica (como usualmente sempre se fez nesta publicação). Dentro do espectro daqueles que solenizam junto à Revista *todos* são brancos; chapéus a tiracolo deixam perceber os fios lisos que envolvem suas cabeças e reagem positivamente ao feito promovido pelo Estado Imperial, pelos *heróis* abolicionistas parlamentares. Estamos diante da asseveração do Estado como condutor do processo de emancipação, sob a ovação de uma parcela da sociedade civil.

A abolição é apresentada como um acontecimento vertical, tanto em sua concretização quanto em suas festividades. A ima-

---

20 Angelo Agostini foi um dos maiores caricaturistas brasileiros do século XIX, além de ser sempre muito atento à questões relativas ao ensino de arte no Brasil. Sobre o artista, cf.: LIMA, Herman. *História da Caricatura no Brasil*. Rio de Janeiro: José Olympio, 1963; SILVA, Rosangela de Jesus. "Os Salões Caricaturais de Angelo Agostini". In: *19&20*, Rio de Janeiro, vol. 1, n° 1, mai. 2006. Disponível em: http://www.dezenovevinte.net/criticas/txtcriticas_rosangela.htm. Acesso em: 20 jan. 2012; BALABAN, Marcelo. *Poeta do lápis*: sátira e política na trajetória de Angelo Agostini no Brasil Imperial (1864-1888). Campinas: Editora da Unicamp, 2009.

gem condensa, deste modo, um ato de doação e reafirma o exercício da autoridade do Estado nessa ação.[21]
O trecho a seguir confirma o que vemos no desenho:

> A vitória final do abolicionismo no parlamento não é uma vitória de uma luta cruenta, não há vencidos nem vencedores nesta questão (muitos apoiados), são ambos os partidos políticos unidos que se abraçam nesse momento solene de reconstituição nacional. (Muito bem! Apoiados.) Fato único da nossa historia, quanto a mim que represento, desde o principio, apenas a orientação abolicionista, o que posso dizer é que o abolicionismo é quem mais lucra nesta questão.[22]

Essa leitura do processo não aparece apenas na *Revista Illustrada*. A *Gazeta do Nordeste* ressalta que "A voz abolicionista (...) juntou-se a vontade imperiosa do poder constituído (...)".[23] Periódicos menos conservadores enxergavam a questão por outro viés. Para *A República*, o povo brasileiro afirmava nesse ato "(...) com a maior altivez a sua soberania, impondo aos poderes constituídos a lei extinguindo a escravidão no Brasil", assim como para o *Diário de São Paulo*, "O poder público, todo ele, é uma figura subalterna que se apressa por apanhar a sombra a glo-

---

21 Segundo Balaban, após sua morte em Agostini, seguiu-se uma tentativa de construir a memória do artista como abolicionista. Cf. BALABAN, Marcelo. *Op. cit.*
22 NABUCO, Joaquim. Sessão da câmara, em 10 de maio de 1888. In: *Revista Illustrada*, ano 13, n°498, 1888.
23 *Gazeta do Nordeste*, ano VIII, Fortaleza, 14/05/1888, p. 1.

riosa do sentimento publico".²⁴ Portanto, a questão da "autoria" estava em disputa.²⁵

Fig. 2 – *Revista Illustrada*, Rio de Janeiro, ano 13, n°498, 1888. Fundação Biblioteca Nacional. Disponível em: http://hemerotecadigital.bn.br/

Esse clima de autoglorificação nacional contrastava com algo que, quase simultaneamente, acontecia na câmara dos de-

---

24 Trata-se de um texto de Aristides Lobo publicado no jornal *Diário de São Paulo* que a *Gazeta do Nordeste* tratou de relançar. Cf.: *Gazeta do Nordeste*, ano VIII, Fortaleza, 14/05/1888, p. 1-2.

25 Segundo Schwarcz, o governo imperial buscou encampar a versão da princesa Isabel como "A redentora". Cf.: SCHWARCZ, Lilia Katri Moritz. "Dos males da dádiva: sobre as ambigüidades no processo da Abolição brasileira". In CUNHA, Olívia Maria Gomes da; GOMES, Flávio dos Santos. *Quase cidadão. Op. cit.*, p. 23-54.

putados: o debate sobre a lei de repressão a ociosidade.[26] Proposto pelo ministro Ferreira Vianna, entrou em discussão em julho de 1888 e foi aprovado quase que por unanimidade. Tal projeto surgiu como resposta às reclamações, por vezes exaustivas e visivelmente exageradas, dos deputados a respeito da desordem que o 13 de maio havia acirrado. Não exatamente com relação aos festejos, a preocupação se voltava à desorganização do trabalho. Devo advertir que o conceito de trabalho que os senhores apresentavam era muito diferente daqueles que os trabalhadores negros aspiravam.

Há uma crônica de Machado de Assis, produzida alguns dias após o 13 de maio, que capta a sinergia desse momento de forma muito arguta. Uma situação, suponho cômica, em que o senhor liberta seu escravo Pancrácio dias antes da abolição, quando esta já contava certa, e ainda se gaba de sua generosidade:

> Por isso digo, e juro se necessário fôr, que tôda a história desta lei de 13 de maio estava por mim prevista, tanto que na segunda-feira, antes mesmo dos debates, tratei de alforriar um molecote que tinha, pessoa de seus dezoito anos, mais ou menos. Alforriá-lo era nada; entendi que, perdido por mil, perdido por mil e quinhentos, e dei um jantar.[27]

Aí é possível avistar os últimos suspiros de uma classe senhorial que agonizava. A questão da dádiva e da gratidão se faziam presentes. No imaginário senhorial, libertar escravos antes da lei de abolição era, em primeira instância, fazer valer a sua vontade, como aparece na epigrafe. Tais reclamações se fundam, portanto, nas dificuldades que os senhores teriam de enfrentar

---

26 Para uma análise de maior fôlego sobre o debate, cf. CHALHOUB, Sidney. *Trabalho, Lar e Botequim. Op. cit.*

27 ASSIS, Machado de. *Op. cit.*, p. 103-105.

para negociar com os ex-escravos a sua permanência nos postos de trabalho após a abolição.

IV – Dos processos

No primeiro capítulo, tivemos uma amostra do tipo de história que é possível concretizar partindo da leitura de processos criminais. Faço ciente o leitor que, deste ponto em diante, volto meus esforços à exploração dessas fontes. Apostei desde o princípio da pesquisa que, quando entrasse em contato com os processos, conheceria aspectos referentes à vida quotidiana dos protagonistas desse livro num nível que talvez só assim fosse possível. Assim sendo, estabeleci um recorte cronológico (1888-1926) e me pus a procurar indícios da presença das pessoas negras na vida citadina de Campinas. O primeiro passo foi definir a metodologia de pesquisa. Defini que leria processos dos seguintes delitos: furto, vadiagem, embriaguez, defloramento e estupro. Para responder as questões que esse estudo se propôs, pareceram-me os mais convenientes justamente porque essas questões afloravam com maior intensidade quando aí apareciam. Para melhor organizar as ideias e poupar o leitor de uma escrita exaustivamente truncada, dividi os vários temas em dois capítulos "O presente e o próximo". Uma vez que contêm opiniões de pessoas em diferentes situações e posições sociais a respeito de como imaginam que o mundo deve se organizar nos seus mais variados aspectos, estas fontes se encontram, pois, no centro desta discussão.[28] Tomei conhecimento de sua dimensão pelos processos de furto. Por sua

---

28 Ainda na delegacia, quando se produz o inquérito, o delgado pede para que o carcereiro verifique quantas vezes o réu foi preso. Em geral já haviam sido presos muitas vezes, e era coisa que se definia na delegacia com uma noite na prisão e soltos no dia seguinte.

própria temática, pude ver, de uma maneira mais palpável, como se desenrolavam as relações sociais nos anos imediatos à abolição.

Vejamos o caso que se segue:

> Cidadão Delegado de Polícia desta Comarca.
>
> Ao subdelegado d. Santa Cruz
>
> Levo ao vosso conhecimento que, em minha chácara, situada na freguesia de Santa Cruz, desta cidade, os pretos Honorio, Sebastião, Jeremias e sua mulher, a pouco todos empregados como trabalhadores de lavoura, e todos moradores em uma só casa, roubaram do colono Mazzucato José, empregado na mesma minha chácara, um porco, que mataram na tarde do dia 6 do corrente.
>
> Tendo o administrador conhecimento do fato no dia seguinte, 7, pela manhã foi a casa dos referidos pretos e lá ainda encontrou metade do dito porco roubado, e sendo interrogados os pretos pelo administrador, confessaram que foi o preto Honorio que matara o porco pertencente ao colono Mazzucato. São testemunhas: Alexandre Hirsch, Jeronymo e Francisco.
>
> Peço-vos portanto providências no sentido de punir o culpado.
>
> Saúde e Fraternidade
> Ao cidadão Delegado de Policia desta Comarca
>
> Campinas 8 de julho de 1893.
> Elisario F. C. Andrade."[29]

Nesse processo figura como réu Honorio Egydio. O caso é investigado pelo delegado de nome sugestivo: Victorino Proust.

---

[29] Honorio Egydio, réu; processo criminal (furto). TJC, CMU, 1893. PS: A assinatura encontra-se escrito em caneta azul, diferente da carta que leva tinta preta e com letra sensivelmente diferente.

Além da virulência da acusação, chama a atenção, num primeiro momento, a descrição de que vivia numa casa com mais "oito pretos." A forma como esses são descritos pelo autor da carta, seu patrão, é altamente depreciativa. Honorio e seus companheiros de residência são "pretos" sem sobrenome, diferentemente dos colonos Mazzucato José e Alexandre Hirsch. Perceba o leitor que "preto", mais uma vez, não é característica física. É um adjetivo com disposição de subjetivo. O sujeito que escreveu a carta o utiliza repetidamente, como uma ladainha, a fim de que se cole ao sujeito de maneira indissociável. Notemos ainda que a palavra utilizada é "grupo", e não família. Excetuando-se Jeremias e sua mulher, os demais aparentemente não possuiam qualquer grau de parentesco. Isso indica que havia, ao menos nesta chácara, habitações coletivas, ou ainda, que esse grupo constituísse uma rede de sociabilidade.

Em seguida, o réu foi convocado a depor. Descobrimos que era filho de Luis Martins de Oliveira, 39 anos, solteiro, trabalhador de lavoura, brasileiro, nascido no estado do Rio Grande do Sul, não sabendo ler nem escrever. Morava na chácara de Elysario Ferreira de Camargo Andrade (residindo neste local há quinze dias). A informação da cor, curiosamente, é ausente do auto de qualificação. Quanto ao ocorrido, declara o seguinte:

> que constantemente uma pequena leitoa ia á sua casa e lá comia o milho que ele interrogado dava a seus animais e também fossava as paredes e trastes da casa; que ultimamente aborrecido coma insistência da dita leitão tomou um pequeno pau e atirou sobre a mesma coma intenção de espantá-la; que por acaso bateu de modo tal, que matou-a instantaneamente. Que em seguida, temendo as consequências do ocorrido por parte do seu dono, tratou o [de pegá-la?] e guarda-la, com o fim de

ocultar o acontecimento. Que no dia seguinte aparecera o administrador e o próprio como dono da leitoa, procurando-a; que em resposta apresentou-a, dentro de um balde, onde se achava, expondo-lhes nessa ocasião todo ocorrido. Que nunca tem o costume de tal prática, tendo já estado em muitas outras fazendas.

Estamos diante de uma história trivial. Novamente, de sua veracidade quanto à organização dos acontecimentos e de suas intenções, temos acesso a uma série de elementos que envolvem suas vidas. Trata-se de um ex-escravo que em algum momento (não sabemos se quando cativo ou posteriormente) migrou para Campinas. Somos informados de que era dono de alguns animais. Ter trabalhado há "apenas 15 dias" na atual fazenda e ter estado já em "muitas outras" implica em ter controle sobre seu trabalho, escolhendo aquele lugar que oferecia melhores condições. A figura do administrador, como no caso de Benedicto Manuel, era imbuída de policiar os trabalhadores. À menor suspeita de um crime, julgava-se no direito de investigar e só depois de comunicar a polícia.

Essa espécie de informação continua a aparecer na medida em que avançamos na leitura. Os depoimentos das testemunhas também podem ser explorados nesse sentido. Ao todo foram seis interrogatórios. O primeiro a falar foi o "preto Sebastião de Oliveira", como foi descrito pelo escrivão, brasileiro, com 41 anos de vida, casado, natural do Rio de Janeiro, trabalhador de roça e morador na chácara do Proença, não sabia ler nem escrever. Diz que:

> que no dia sete do corrente mês ia a chácara de Elisario Ferreira de Camargo Andrade para ajustar com esse seu serviço de carroceiro. E lá se dirigiu a casa de Honorio Isidro [sic]. Nessa ocasião este estava vigiando dois animais que estavam comendo milho.

> Que a certa ocasião chegou ao pé dos ditos animais uma leitoa pequenina com o fim de comer o milho. Na primeira vez Honorio a tocou atirando uma pequena pedra para espantá-lo. E como a dita leitoa voltou Honorio atirou um pau matando-a instantaneamente. Honorio ficou com medo e tratou de escondê-la em baixo de sua cama. E no dia seguinte voltou a casa do mesmo *e la entraram o administrador da fazenda e o dono da leitoa com consentimento de Honorio*. No inicio negou até que encontraram-na embaixo da cama. [grifos meus]

A maior revelação dessa fala – para o propósito desta pesquisa, evidentemente – reside na passagem que destaquei. A preocupação de Sebastião quanto a explicar que entraram à casa de Honoryo com sua devida permissão tem o intuito de diminuir a violência da ação. Depreende-se que tanto o administrador quanto o ofendido, mesmo desconfiando de Honoryo, respeitaram os limites de sua propriedade. Isso reitera o argumento de que sujeitos como Honoryo e o próprio Sebastião pleiteavam certa autonomia, afinal, pareceu-lhe relevante que essa informação chegasse ao delegado, além do que, mesmo sendo empregado em outra chácara, dirigia-se a essa para "ajustar esse seu serviço de carroceiro".

O segundo depoente foi Jeremias Egydio, africano, com 55 anos de idade, casado, trabalhador de roça e morador na chácara de Elisário Ferreira de Camargo Andrade, não sabendo ler e nem escrever. É um dos raros casos que encontrei com a descrição de "africano". Seu depoimento corrobora com o que já havia revelado Sebastião na maioria dos pontos. Segundo ele, "Honorio disse nada saber e que o administrador, porém, acabou encontrando a dita leitoa embaixo da cama de Honorio". A única coisa que não aparece em sua fala é se a entrada ao domicílio de Honoryo, de fato, foi de forma consentida. Após sua explicação, a última testemunha envolvida diretamente com o universo de Honorio era Theodora Eugenia, brasileira, com 25 anos de idade, casada, cozinheira, natural de Campinas, não sabia ler e nem escrever. Contudo, sua descrição é muito sumária, uma vez que, na ocasião em que se deu o fato, afirmou estar dormindo em sua casa, nada vendo. No dia seguinte, ficou sabendo do ocorrido por seu marido Jeremias Egydio. Esses depoimentos foram colhidos no dia 8 de julho. No dia 10 temos os três depoentes finais. Começam por Alexandre Hirsch, francês naturalizado brasileiro, natural de Salzburg, França, com 52 anos de idade, solteiro, administrador agrícola, residente na chácara em que se deu o fato. Disse que já desconfiava do mesmo. No dia 8 do mês em questão foi queixado a ele, pelo colono Mazzucatto, acerca da ausência de uma leitoa. Na mesma hora se dirigiu à residência de Honorio porque:

> (...) devido a ter ele depoente visto na véspera o monte fogo [ilegível] maior na casa do dito Honorio e muita conversação a alta monta; que lá se achando passou revista em o quarto, onde dorme Honorio e outros, achando em baixo de uma cama a metade e a cabeça de uma leitoa, que reconheceu ser a mesma que faltou a Mazzucatto, por causa dos pelos brancos.

Para o colono francês, portanto, o que o levou a desconfiar de furto teria sido a fumaça e a aglomeração de pessoas na residência do réu. No último depoimento descobrimos que Hirsch era o administrador da fazenda. Daí fica explicado porque Mazzucatto foi queixar-se a ele do suposto roubo. Quem nos conta é Francisco de Arruda Ferreira, brasileiro, com 51 anos de vida, viúvo, natural do estado de Pernambuco, trabalhador de roça, residente na chácara de Elisario, denominada Larangeira, não sabia ler e nem escrever. Sua fala, além do que já citei, revela um pouco da vida quotidiana desse trabalhador, posto que viu Hirsch com um balde em que estava a cabeça de uma leitoa e "que ele depoente viu isto tudo quando chegava pela manhã com os animais, que fora tocar do pasto para casa do patrão; que nessa ocasião o administrador dizia em altas vozes e perante mais pessoas – esta é a leitoa que faltou á Mazzucato".

Há ainda mais um depoimento, de Jeronymo Alves de Oliveira, brasileiro, com 61 anos de idade, casado, natural de Campinas, carroceiro e residente na chácara de Elisario, denominada Larangeira, não sabendo ler nem escrever. Foi com ele que Hirsch foi à casa de Honorio. Ele, depoente, foi convidado pelo administrador da chácara, Alexandre Hirsch, para darem busca em casa dos colonos da mesma chácara a fim de descobrir a falta de uma leitoa reclamada por Mazzucatto. Assim sendo, ofereceu sua casa para que fosse a primeira a ser revistada, ao que o administrador respondeu que não, pois iria imediatamente à casa de Honoryo e que tinha suas razões para supor que fora ele o autor. E ainda confirmou lá terem achado restos de uma leitoa.

Por fim temos o depoimento do ofendido. Curiosamente foi o último que teve a fala registrada, acabou sendo uma das mais sucintas. Giuseppe Mazzucato disse ter 55 anos de idade, ser casado, filho de Antonio e Jeronyma [?], natural de Treviso na Itália, trabalhador da lavoura agrícola e ser residente na chácara de Elisario Ferreira de Camargo Andrade. Declarou apenas que, entre outros porcos, tinha uma leitoa de cor russa, que desaparecera do dia 7 para 8 daquele mês e que foi encontrada na casa do indiciado, uma só metade e a cabeça, e a reconheceu em função de sua pelagem.

Os casos de Benedicto Manuel e Honoryo Egidyo dão conta de treinar nossa percepção às situações do quotidiano. Em eventos completamente triviais, visualizamos questões concernentes à organização das forças produtivas, ao relacionamento entre colonos de diversas procedências. Entretanto, os casos de vadiagem nos permitiram realizar uma avaliação mais precisa de outros temas, sobretudo aqueles referentes ao conceito trabalho dos ex escravos que preferiam a prestação de pequenos serviços temporários, os quais configuravam um delito que se encontra no centro dessa discussão.

V – Dos processos de vadiagem (I)

Quando iniciei a busca pelos processos de vadiagem, qual não foi minha surpresa quando me deparei com apenas catorze dentro do recorte escolhido. Um número relativamente pequeno se tomarmos por parâmetro cidades de grande porte como o Rio de Janeiro.[30] Para efeito de comparação, na Capital, no ano de 1907, apenas no primeiro semestre, 220 processos foram criados e concluídos.[31]

Pelo estudo de Maciel, pude saber de antemão que muito mais pessoas eram presas sob essa acusação. Os dados são incompletos, mas entre 1904 e 1909 foram efetuadas 203 prisões por vagabundagem e 510 por embriaguez.[32] Só no primeiro semestre de 1905, mais de 30 por vagabundagem e 40 por embriaguez.[33]

Segue uma tabela com os dados referentes a esses processos:

30　Sobre vadiagem no Rio de Janeiro, cf.:GARZONI, Lerice de Castro. *Op. cit.*

31　*Mensagem enviada ao congresso legislativo, a 14 de julho de 1907, pelo Dr. Jorge Tibiraçá*, presidente de São Paulo, p. 341.

32　Esses dados são apresentados por Maciel a partir de pesquisa feita em jornais, tendo em vista não se dispor de fontes policiais com esse tipo de estatísticas para a cidade de Campinas. Cf. MACIEL, Cleber da Silva. *Op. cit.*, p. 182.

33　Há de se observar que o autor não computou no quadro as prisões efetuadas sob o nome de vadiagem aparentemente por serem poucas.

Tab. 3 - Processo por embriaguez e vadiagem (1898-1910)

Réu	Autor	Ação	Ano	Ofício	Caixa	Processo
Alfredo Santos	Juizo Municipal Campinas	Vadiagem	1909	4	284	6551
Candido Machado		Embriaguez / vadiagem	1907	99	19	287
Domingos Penteado et al	Juizo Municipal Campinas	Vadiagem	1898	3	511	9851
Euclides Xavier Santos		Embriaguez / vadiagem	1907	99	20	290
Euclides Xavier Santos	Juizo Municipal Campinas	Vadiagem	1908	1	406	7316
Eva Maria Conceição		Embriaguez / vadiagem	1907	99	20	292
Eva MAria Conceição		Vadiagem	1907	99	20	291
Firmino Jose Mattos		Embriaguez / vadiagem	1910	99	30	458
Francisca Maria Silva	Juizo Municipal Campinas	Vadiagem / embriaguez	1907	4	273	6365

Pós-abolição e quotidiano

Josefa Benedicta		Embriaguez / vadiagem	1907	99	21	308
Juvenal Cruz		Embiaguez / vadiagem	1907	99	21	312
Juvencio Camargo e Silva		Embriaguez / vadiagem	1907	99	21	313
Paulo Cattani		Embriaguez	1907	99	21	324
Maria Innocencia Jesus	Juizo Municipal Campinas	Vadiagem / embriaguez	1908	3	518	9925
Sebastiao Oliveira		Embriaguez / vadiagem	1907	99	22	331

Excetuando-se um processo de 1898, todos os demais se concentram entre os anos de 1907-1910 (com pico entre 1907-1908). Curiosamente, os de 1907 começam mais ou menos ao mesmo tempo, entre fevereiro e março. O delegado da comarca nesse período era o sr. dr. Everardo Bandeira de Mello. Antes de atentarmos aos processos, vale acompanhar algumas informações sobre a polícia. Dará-nos uma ideia de como se organizara a força repressiva.

VI – Da organização da força policial

No período de transição do Império para república, foi conservada a força policial do regimento anterior. A organização da polícia continuou a ser decidida por cada estado. Entretanto, os chefes de polícia passaram a ser nomeados pelo governo da união.

No estado de São Paulo passou a contar com um efetivo relativamente maior, passando de 1.500 à 1.700 praças. Segundo o relatório do chefe da província de 1890, a única área onde houve conflito foi o porto de Santos.[34] Com a lei 491 de 29 de dezembro de 1896, a polícia passou a gravitar em torno de duas grandes divisões: a brigada policial e a guarda cívica. A primeira era a guarnição militar do estado, possuía três corpos de infantaria (89 oficiais, 123 inferiores e 2.196 praças), além do corpo de bombeiros, com 17 oficiais, 18 inferiores e 333 praças. Já a guarda cívica funcionava na capital, contava com 2 oficias, 100 praças e um total de 2.883 de força policial.

As polícias de Campinas e Santos saíam da brigada policial. A guarda cívica do interior contava com 32 oficiais, 106 inferiores e 2.160 praças, totalizando, assim, um efetivo policial do estado de 5.178 praças.[35] No período de maior ocorrência de prisões, estava sendo implantada a polícia de carreira no estado.[36]

---

34 Sobre a organização da polícia no Brasil republicano, cf. BRETAS, Marcos Luiz. *Ordem na cidade – o exercício cotidiano da autoridade policial no Rio de Janeiro: 1907-1930*. Rio de Janeiro: Rocco, 1997; SOUZA, Luis Antônio Francisco de. *Poder de polícia, Polícia Civil e práticas policiais na cidade de São Paulo (1889-1930)*. Tese de Doutorado em História, FFLCH-USP, São Paulo, 1998; ROSEMBERG, André. *Polícia, Policiamento e o Policial na Província de São Paulo no final do Império: a instituição, prática cotidiana e cultura*. Tese (Doutorado em História), FFLCH-USP, São Paulo, 2008.

35 Dados extraídos de *Mensagem do presidente de província Campo Salles ao legislativo em 7 de abril de 1897*, p. 98.

36 Sobre a formação da Polícia do Estado de São Paulo, cf. MARTINS, Marcelo Thadeu Quintanilha. *A civilização do delegado: modernidade, polícia e sociedade em São Paulo nas primeiras décadas da República, 1889-1930*. Tese de Doutorado em História Social. São Paulo, FFLCH-USP, 2011.

VII – Sobre a vadiagem

O tema da vadiagem já foi explorado na historiografia brasileira em algumas oportunidades. Há trabalhos preocupados em denunciar a política repressiva e ordenadora do Estado, que através de um discurso baseado num suposto pensamento "científico", tomava decisões unilaterais a serviço das classes dominantes; ainda temos outros enredados por entender a lógica dos subalternos, suas formas de negociação e maneiras de se posicionar politicamente. Nosso propósito aqui caminha com maior vigor nessa segunda vertente, sem perder de vista a interlocução que esses sujeitos estabeleciam com aqueles que os reprimiam.

Para cumprir minha proposta, façamos o breve exercício de acompanhar um trecho do famigerado debate para que o leitor tenha ideia do que se passava na cabeça dos ilustres deputados.

O projeto da lei era bem claro quanto a quem se dirigia. O excerto a seguir é uma fala do deputado MacDowell:

> Votei pela utilidade do projeto, convencido, como todos estamos, de que hoje, mais do que nunca, é preciso reprimir a vadiação, a mendicidade desnecessária, etc. [...] Há o dever imperioso por parte do Estado de reprimir e opor o dique a todos os vícios que o liberto trouxe de seu antigo estado, e que não podia o efeito miraculoso de uma lei fazer desaparecer, porque a lei não pode de um momento para outro transformar o que está na natureza.
> [...] a lei produzirá os desejados efeitos compelindo-se a população ociosa ao trabalho honesto, minorando-se o efeito desastroso que fatalmente se prevê como consequência da libertação de uma massa enorme de escravos, atirada no meio da sociedade civilizada, escravos sem estímulos para o bem, sem educação, sem os sentimentos nobres que só pode adquirir uma população livre e final-

mente será regulada a educação de menores, que se tornarão instrumentos do trabalho inteligente, cidadãos morigerados, [...] servindo de exemplo e edificação aos outros da mesma classe social.[37]

O trecho é rico e permite vários pontos de entrada, e quero chamar a atenção para um aspecto *sui generis*. A principal preocupação reside em transformar o liberto em trabalhador. O liberto era, por definição, ocioso, vicioso e incapaz de se adaptar, sem a intervenção da lei, ao mundo dos livres. Mais do que combater a vadiagem, estava em pauta um projeto de formatação desses sujeitos. Havia a necessidade de, pedagogicamente, produzir indivíduos que atendessem a certo padrão de comportamento, conveniente à sua nova condição. Seria esse, portanto, um sujeito diferente daquele que a escravidão criara. Contudo, é certo que havia aqueles que defendiam a repressão pura e simples, assim como os que acionavam outros mecanismos de controle e de educação dos ex-escravos.[38]

Esses "vícios", vistos sob outra perspectiva, podiam ser a expressão da negação do liberto ao cumprimento de papéis sociais prescritos. O não trabalho regular e itinerante era uma forma de se exteriorizar do sistema de relação senhor-escravo.[39] O fato

---

37 *Anais da Câmara dos Deputados*, 1888, vol. 7, p. 259-60. *Apud*: CHALHOUB, Sidney. *Trabalho, Lar e Botequim*. *Op. cit.*, p. 68-69.

38 Um bom exemplo disso são as escolas de formação de domésticas estudadas por Olívia Gomes da Cunha. Segundo essa autora, "formou-se uma consciência moral e pedagógica do trabalho doméstico no Rio de Janeiro nas últimas décadas do XIX", articulada a diversas representações da pós-emancipação. Vide CUNHA, Olívia Gomes da. "Criadas para servir: domesticidade, intimidade e retribuição". In: *Quase-cidadão: histórias e antropologias da pós-emancipação no Brasil*. Rio de Janeiro: Editora FGV, 2007.

39 FRAGA FILHO. Walter. *Mendigos, moleques e vadios na Bahia do século XIX*. São Paulo: Hucitec; Salvador: EDUFBA, 1996.

do deputado utilizar o termo "liberto" para um sujeito que que é livre, corrobora ironicamente com seu argumento de que as leis não mudariam os costumes da noite para o dia. Entre um projeto de lei e sua efetiva aplicação nas ruas há um hiato.[40] Das políticas de repressão do governo de certo a intensificação da perseguição contra a vadiagem era das mais recorrentes. A partir deste ponto, acompanharemos alguns processos sobre a contravenção de vadiagem e embriaguez.

VIII – Dos processos de vadiagem (II)

O código penal de 1890 oferece a seguinte definição para a prática da vadiagem:

> Art. 399. Deixar de exercitar profissão, ofício, ou qualquer mister em que ganhe a vida, não possuindo meios de subsistência e domicilio certo em que habite; prover a subsistência por meio de ocupação proibida por lei, ou manifestamente ofensiva da moral e dos bons costumes:
> Pena – de prisão celular por quinze a trinta dias.
> § 1º Pela mesma sentença que condenar o infrator como vadio, ou vagabundo, será ele obrigado a assinar termo de tomar ocupação dentro de 15 dias, contados do cumprimento da pena.
> § 2º Os maiores de 14 anos serão recolhidos a estabelecimentos disciplinares industriais, onde poderão ser conservados até á idade de 21 anos.[41]

---

40 O trabalho de André Rosemberg contribui nesse sentido. Realiza uma história social da polícia, percebendo-a enquanto classe trabalhadora. Cf. ROSEMBERG, André. *Op. cit.*

41 *Código Penal Brasileiro* (Decreto nº 847 de 11 de outubro de 1890) comentado por Affonso Dionysio Gama. São Paulo: Saraiva; Cia. Editores, 1923.

> Art. 400. Si o termo for quebrado, o que importará reincidência, o infrator será recolhido, por um a três anos, a colônias penais que se fundarem em ilhas marítimas, ou nas fronteiras do território nacional, podendo para esse fim ser aproveitados os presídios militares existentes.
> Parágrafo único. Se o infrator for estrangeiro será deportado.

Esses processos dão conta de problemas que não são contemplados por outras fontes. Há uma quantidade de versões sobre o que significa ser vadio:

> Romeu do Nascimento, preto, com dezessete anos, solteiro, nacional, empregado, morador a rua Doutor Quirino número cento e oitenta e sete, sabendo ler e escrever. Aos costumes disse nada. Prestou compromisso e disse: que há seis meses, mais ou menos, conhece o acusado e nunca o viu trabalhar, pois o mesmo passa dias consecutivos na venda onde o depoente é empregado, à Rua General Carneiro número setenta e três; que o acusado vive habitualmente embriagado; que, finalmente, ouviu dizer que o acusado é gatuno, e que por esse motivo tem tido diversas entradas no xadrez da polícia. Nada mais disse.[42]

Neste trecho temos as características principais que normalmente são atribuídas aos "vadios": o não trabalho regular, a embriaguez habitual e a prática de um crime. Isso vindo de um jovem negro, é sintomático da força que esse discurso ganha ao longo do tempo. A condição para prender esse tipo de contraventor era o flagrante. A vadiagem não era crime, era contravenção.

---

42 Firmino José Mattos, réu; processo de contravenção (vadiagem), ofício 99, caixa 30, n° 0458, TJC, CMU, 1910.

Consistia em ato ilícito, porém, como tal, acarretava a seu autor a pena de multa ou prisão simples. Entretanto, na visão dos delegados e de alguns órgãos da imprensa campineira, tratava-se de um indivíduo com propensão e na iminência da prática criminosa. Isso se tornará mais evidente ao acompanharmos os casos empíricos. Vejamos o exemplo que se segue.

O vadio mais conhecido de Campinas, segundo Bandeira de Mello, era Juvêncio de Camargo e Silva, popularmente chamado de Carioca (embora tenha nascido em Florianópolis) ou "Pé Espalhado", a alcunha que ganhou em função de uma enfermidade. Quando interrogado na delegacia na oportunidade em que fora detido, afirmou que não trabalhava por ser homem doente, que era verdade que bebia um pouco, porém nunca fez desordem nem viveu promovendo escândalos, como afirmavam de forma contundente as testemunhas. Foi preso na Rua General Osório enquanto estava no Mata Fome.

Resolvi citar esse processo justamente pela sua peculiaridade. Nesse caso em específico, não pude precisar a cor do indivíduo, embora as testemunha sejam todas indicadas como brancas. É o oposto do que ocorre nos processos que vimos no primeiro capítulo. Todavia, considerando que o Mata Fome era tido como um bar "mal frequentado" por pretos e mulatos (essa informação aparece em vários processos), é provável que Juvêncio, frequentador de tal estabelecimento, também o fosse.

Os argumentos utilizados por Juvêncio nos levam a crer que o acusado sabia que seu comportamento considerado vicioso e indesejável pelas autoridades, haja vista que os rebateu com os argumentos citados acima. Justificou o não trabalho por sua condição física (que parecia proceder, tendo em vista o apelido) e colocou sua suposta embriaguez em segundo plano.

Candido Machado, outro dos personagens do qual não pude identificar a cor, sofreu o mesmo tipo de acusação.[43] As três testemunhas associaram sua vadiagem ao "Mata Fome". Todos sabiam ler e escrever e eram empregados no comércio, trabalhando próximo ao dito botequim. Nenhum deles tinha a sua cor descrita ou descreveram a do acusado, assim como o delegado que apenas dizia se tratar de um "desocupado incorrigível". O primeiro a ser ouvido foi Carlos Guimarães. Ele nos disse que "(...) sempre tem visto parado pelas esquinas, noite e dia principalmente em botequins da Rua General Carneiro. Conhecido pelo nome de 'Matta Fome' (...)". Note o leitor que frequentar um botequim, não era proibido, assim como sua existência, contudo era visto como uma situação suspeita e prontamente associada à vadiagem.

Alfredo do Santos passou pela mesma situação.[44] Segundo o mesmo delegado, "Em vista das inúmeras prisões que tem tido o preto Alfredo dos Santos como gatuno, desordeiro e vadio mando que ele seja intimado (...)".

De maneira incomum, no auto de qualificação do processo, seguido ao nome do réu, o termo preto aparece entre aspas. Disse ser filho de Valenciano João Delfino, já falecido, solteiro, empregado da baldeação da Cia Paulista, brasileiro, morador à rua conceição número 22, não sabendo ler nem escrever. Declarou não ser vagabundo e que esteve trabalhando, recentemente, na chara do Sr. Lafayette e saindo de lá para trabalhar na baldeação da Cia Paulista. Disse também ter sido preso outras vezes, porém não roubou nada; esse ato teria sido praticado por seu companheiro João Matheus de Andrade.

---

43 Candido Machado, réu; processo de contravenção (vadiagem), ofício 99, caixa 19, n°287, TJC, CMU, 1907.

44 Alfredo dos Santos, réu; processo de contravenção (vadiagem), ofício 4, caixa 284, n° 6551, TJC, CMU, 1909.

Todas as testemunhas eram brancas. O depoimento mais interessante foi o segundo, de Manoel Francisco de Chagase que era soldado reformado. Este nos informou que nunca viu o acusado trabalhar seriamente. Sabia que fazia pequenos carretos às vezes e que sempre havia reclamações de ser ele um gatuno, envolvido em pequenos furtos. Ao final da fala, Alfredo se manifesta contrariamente, e diz que sim, praticou pequenos furtos, mas que não era vagabundo. A fala do acusado nos mostra que sua compreensão do que seria vadiagem diferia daquela do delegado. Via-se como um trabalhador, e ter cometido furtos não fazia dele um vadio. Já para Bandeira de Mello, a situação parecia ser outra:

> Por ora tem sido de pequena monta os atentados contra a propriedade, pois ele tem se limitado em furtar cabras, galinhas, etc.
> Mas com o passar do tempo poderá ele se tornar um salteador perigoso e assim essa condenação corretiva é a base do sossego da sociedade.

Interessante notar que, quanto à vadiagem, não havia pontos que se sustentavam nessa acusação. O delegado utilizou apenas duas testemunhas, moradores do bairro do Taquaral, e que não eram testemunhas oculares do suposto comportamento vicioso, assim como dos furtos que o réu admitiu ter cometido. Esse caso não era único, já que, no universo masculino, a vadiagem era geralmente associada a um delito. Além da questão da embriaguez, que levava as pessoas a promoverem "escândalos" e chocarem os homens de bem dessa sociedade, o furto seria a consequência mais ou menos direta desse ato. Para as mulheres, a libertinagem poderia desembocar na prostituição.

Se a maioria das situações partia da preocupação das autoridades com o "incômodo" que esses sujeitos, levando essa vida desregrada, causavam à sociedade a quem deviam prestar contas, nem todas partiam dessa motivação. Havia casos cujos interesses não podemos saber ao certo, como o de Joanna Maria da Conceição, que denunciou seu irmão. Tinha esta a essa altura 38 anos, casada, preta, brasilera, moradora à Rua Itú, n° 3 e filha de Marcolino Xavier Espírito Santo e Francisca, com 90 anos. Acusou seu irmão, Euclides Xavier Santos, de ser vadio, ébrio, desordeiro e de maltratar sua mãe.[45]

Todas as testemunhas sustentavam a versão relatada por Joanna. A primeira delas, inclusive, era de um ex-soldado que se declarava artista. Ele teria sido testemunha ocular dos atos cometidos por Euclydes. Contou que prendeu o acusado diversas vezes. Eram três ou quatro entradas por mês. Quanto ao réu, defendeu-se dizendo que a acusação da irmã não procedia, uma vez que era pedreiro e estava empregado numa fazenda, e declarou ser pedreiro.

A vadiagem se prestava como argumento para desqualificar os sujeitos socialmente, em mecanismo parecido a chamá-lo de "preto". Os personagens que vimos neste capítulo buscavam a todo momento afastar-se dessa imagem negativa. O trabalho errante, fosse de fazenda em fazenda ou alternando entre trabalhos urbanos eventuais, era interpretado pelas autoridades policiais como vagabundagem passível de correção. Frequentar determinados espaços de lazer e sociabilidade eram tidos como indícios de uma vida desregrada e propensa à criminalidade.

O que o delegado Bandeira de Mello repetidamente desqualificava, tomando por comportamento vicioso e degradante, na fala desses sujeitos adquire outras acepções. Sentidos que passam por estabelecer o controle sobre seu trabalho, em como distribuir seu tempo entre trabalho, lazer e ócio.

---

45 Euclydes dos Santos, réu; processo de contravenção (vadiagem), ofício 1°, caixa 406, n° 07316, TJC, CMU, 1908

Os casos apresentados deixam evidente que a tensão causada pela impossibilidade de ordenar a vida dos negros da maneira que melhor lhe conviesse deixava as autoridades consternadas. O caso de Benedito Manuel ilustra uma situação em que o sujeito claramente escolheu um caminho que passava pelo trabalho. Contudo, havia aqueles que faziam outras opções, e aí é que residia a insegurança das autoridades. É o caso de Firminos, Alfredos, Candidos, Honoryos, mas também o de Evas Benedictas e Francellinas.

Até aqui, pudemos observar que eram acionados diversos sentidos para vadio. Numa leitura, do ponto de vista daqueles que criaram a lei de repressão, vadio era aquele que não queria se sujeitar a uma lógica de trabalho capitalista, que não estava disposto a se deixar domar e a respeitar que determinassem como deveriam conduzir suas vidas.

Se para os homens a vadiagem estava necessariamente associada ao não trabalho e à criminalidade, com relação às mulheres estava atrelada a outras questões. Eis o tema do próximo capítulo.

Capítulo IV
Honra, cor e vadiagem

I – Considerações iniciais

Até o momento, pouco mencionei as mulheres neste livro. Informo que o fiz propositadamente, e não por negligência. O desenrolar da pesquisa me mostrou que as questões que as envolviam trazia elementos diferenciados. Para além da questão da cor da pele, ser mulher significava a certeza da dupla exclusão. Reservei a essas, portanto, um capítulo. Um capítulo em que assumirão o protagonismo, o presente capítulo.

II – Sobre as fontes

Processos de defloramento, estupro e vadiagem. Essas são as fontes sobre as quais volto minhas atenções deste ponto em diante. A despeito disso, advirto o leitor que atentarei, como de praxe, a aspectos que não necessariamente têm a ver com a resolução dos crimes em questão. Nesta documentação, as mulheres aparecem em maior número, além de ser o centro das atenções. Vejo aí motivo suficiente para apostar em sua análise.

Com relação aos processos de vadiagem, em essência possuem pontos em comum com as historietas que vimos na segunda metade do capítulo anterior. Contudo, guardam diferenças que valem a pena ser exploradas.

Nos processos de defloramento e estupro, apesar de vítimas, as mulheres não eram tratadas dessa maneira. Quando uma moça acusava um rapaz de ter lhe deflorado ou estuprado, o que se tornava passível de julgamento, na prática era sua vida pregressa (embora os procedimentos processuais e a retórica dos delegados tentassem maquiar esse dado). Por se tratar de delito em que, muito dificilmente, havia testemunhas oculares, sua capacidade de comprovar que levava vida "honesta" era o que determinaria o sucesso ou o fracasso da ação.[1]

Portanto, caro leitor, para cumprir os objetivos a que me dispus, repete-se a estratégia do capítulo anterior. Aposto novamente em estudos de caso. Comecemos, pois, com o de Benedicta da Silva, preta, de 19 anos, solteira, nacional, copeira, moradora à Rua Duque de Caxias, número 24, sabendo ler e escrever.[2] Quando foi à delegacia, alegou que seu ex-noivo, José Amancio Quirino, a deflorou, e como era de praxe, exigia reparo. À época do ocorrido, o pai de Benedicta, Geraldo da Silva, já era falecido, fora carpinteiro. Sua mãe, Eva Maria de Jesus, era ainda viva, e não se

---

[1] O defloramento aparece no artigo 267 do código penal de 1890, no capítulo que trata da violência carnal. O crime se caracteriza por: "Deflorar mulher de menor idade, empregando sedução, engano ou fraude". Já o estupro é definido no artigo 269, é tido como "(...) o ato pelo qual o homem abusa com violência de uma mulher, seja virgem ou não". Cf.: *Código penal brasileiro*: (Dec. n° 847, de 11 de outubro de 1890). São Paulo: Saraiva, 1923. Segundo o delegado de um dos casos, Nascimento de Albuquerque, o defloramento era um crime em que "(...) difícil se torna sua investigação, sendo certo que, na grande maioria dos casos, a forma, embora deficiente, tem de ser baseada em indícios que o rodeiam". Cf. Romeu Silva, réu; processo de contravenção (estupro), ofício 99, caixa 25, n° 0391, TJC, CMU, 1908.

[2] José Amancio Quirino, réu; processo criminal (defloramento), ofício 1°, caixa 636, processo n° 13002, TJC, CMU, 1911.

sabia sua ocupação. Na certidão de nascimento que foi transcrita e anexada ao processo, agendava que os padrinhos foram Mario e Eva.³ Quanto a seus avós; os maternos eram Leopoldino João da Silva e Delfina de Jesus, e os paternos Calisto e Delfina, todos já falecidos quando da feitura do processo.

Examinando sua certidão de nascimento, uma frase me saltou aos olhos: "todos acima libertos". É conveniente notar que Benedicta nasceu em 1890, isso é sugestivo do *status* que as pessoas negras ocupavam nessa sociedade. Não se tratou de um ato falho do escrivão, já que o uso deste termo era recorrente nas certidões de nascimento nos anos imediatos ao fim da escravidão,⁴ fosse para descrever os pais, ex-libertos e ex-escravos, quanto seus filhos. Temos aí demonstrado, mais uma vez, que desvencilhar-se de um passado cativo não era tarefa das mais fáceis. E a questão da cor, novamente, era o que dava liga a isso.

III – Da cor

Não, caro leitor, não se trata de repetição. Retomo a questão da cor neste capítulo. Eis que, mais uma vez, nos depararemos com ela. Quando da redação, pensei que talvez fosse mais vantajoso concentrar toda informação apreendida a seu respeito num único ítem, mas acontece que o tema é central e a discussão caso a caso me pareceu mais vantajosa. Portanto, retornamos à essa discussão que, enfim, acaba por perpassar todo o livro.

---

3   Era comum esse tipo de procedimento quando se tratava de defloramento, posto que este só se caracterizava como tal se a vítima fosse menor de idade. Logo, teria de ter menos de 21 anos.

4   No início da pesquisa, quando ainda definia quais fontes iria utilizar, cheguei a encontrar registros civis, após o 13 de maio, em que se lia o termo "ingênuo" referindo-se aos recém nascidos.

Ao adentrar nesse tópico, necessariamente se passa pelo já clássico estudo de Mattos a respeito do Sudeste escravista. Nessa pesquisa, a autora apontou que, a partir da segunda metade do século XIX, a indicação de "cor" paulatinamente desapareceu dos registros oficiais.[5] Transformou, num esforço muito interessante, essa dificuldade inicial em problema histórico, entendendo o período subsequente ao fim da escravidão como um momento privilegiado para se perceber mudanças de referenciais culturais, que até então norteavam relações econômicas, de convivência social e de poder. A abordagem, assim sendo, agrega o reconhecimento de agentes históricos e os fenômenos coletivos. O último terço do livro, que nos interessa mais diretamente, é dedicado ao pós-abolição. Propõe-se a pensá-lo de forma cultural, como sugere Rebeca Scott.[6]

Qual não foi minha surpresa quando pude verificar que em Campinas as coisas não procediam da mesma maneira.[7] A cor tendia a aparecer com maior frequência quando o processo estava na fase do inquérito, ainda na delegacia. Quando chegava às mãos do juiz, na maioria dos casos, só se podia precisá-la pelas falas das testemunhas. Até a metade da década de 1900, a cor aparecia de forma esporádica durante a descrição das partes pertencentes ao processo, fosse o réu, o reclamante ou as testemunhas. De 1905 em diante, tendia a aparecer com maior regularidade.

---

5   MATTOS, Hebe Maria. *Das cores do silêncio*. *Op. cit.*

6   Cf. SCOTT, Rebeca. *Emancipação Escrava em Cuba*: a transição para o trabalho livre (1860-1899). Rio de Janeiro: Paz e Terra; Campinas: Editora da Unicamp, 1991.

7   Como citei no Capítulo I, essa questão tem sido matizada pela historiografia posterior a Mattos. Para melhor acompanhar esse debate, remeto o leitor interessado à discussão promovida por Garzoni. Cf.: GARZONI, Lerice de Castro. *Op. cit.*, p. 130-133.

Lino Primo, branco, com vinte anos de idade, solteiro, brasileiro, filho de Justino de Pala Primo, já falecido, empregado, morador em São Paulo, á ruaVinte e um de Abril número noventa e seis, sabendo ler e escrever.[8]

Citei o exemplo para que o leitor saiba que a indicação da cor dos sujeitos nessa área do processo não era exclusividade dos negros. Em alguns dos processos utilizados até aqui, acontecia de apenas os negros terem sua cor indicada, mas isso não era uma regra. Não me recordo, porém, de depoimento em que alguém era identificado como branco, fosse na fala de um réu, reclamante ou testemunha. Tampouco encontrei o uso de adjetivos como "branquinho".[9]

"Cor" deve ser pensada como uma categoria suscetível a mudanças no tempo e no espaço, social e culturalmente. Contextos outros nos permitem visualizar que isso não é exclusividade do caso brasileiro. Um bom exemplo é o texto de Hodes.[10] Nele, a autora conta histórias de pessoas que cruzaram fronteiras geográficas e viveram suas vidas em diferentes sistemas raciais. Explora a volatilidade que as categorias raciais de classificação adquirem. A narrativa é centrada na figura de Eunice Connoly, uma trabalhadora anglo-americana nascida em Massachussets em 1831

---

8   Essas informações, arroladas dessa forma, permitem ao leitor identificar a posição social do indivíduo em questão. Cf. Victório Gianizell, réu; processo criminal (estupro), ofício 99, caixa 40, n° 0623, CMU, TJC, 1913.

9   A questão da adjetivação conferida às pessoas negras é interessante na medida em que, quando não aparece de forma negativa (e cheguei a encontrar o sentença "é um preto pernóstico"), carrega algo de infantilização. Termos como "mulatinha" e "pretinho" são recorrentes. Quando aparecem, pelo contexto das falas, percebe-se uma tentativa de anular a capacidade cognitiva dos sujeitos em questão.

10   HODES, Martha. The Mercurial Nature and Abiding Power of Race: A Transnational Family Story. *The American Historical Review*, vol. 108, n° 1. Febr. 2003.

e que viveu entre o caribe britânico e a Nova Inglaterra. Nas palavras da autora: "We tend to think of the fluid and the mutable as less powerful than the rigid and the immutable (...)".[11] Guardadas as devidas proporções, é o caso de Maria das Dores e são os casos das personagens que veremos ao longo deste capítulo. Fiz ressalvas quanto à comparação porque não estamos lidando com a categoria de raça, mas sim de cor. São conceitos diferentes, e como nos lembra Cunha, associá-los automaticamente implica em desconsiderar os propósitos dos sujeitos que forjaram esses documentos, perdendo-se, portanto, parte de seu sentido histórico.[12]

Temos visto reiterados exemplos de como a categorização da cor era importante nessa sociedade. Não apenas nos documentos oficiais, mas em outras instâncias, como os jornais:[13]

> Suicídio
>
> Sábado último, às 4 horas da tarde, a preta Cidenia, querendo por termo a sua existência, embebeu as vestes em querosene, atacando-lhes fogo depois. Ficou horrivelmente queimada, vindo a falecer por volta das 10h da manhã.
> O fato se deu na José Paulino, onde morava Cidenia.[14]

Como o leitor pode notar, o termo "preta" aparece de maneira gratuita. Fosse Cidenia branca, faria diferença? Talvez des-

---

11 HODES, Martha. *Op. cit.*, p. 85

12 CUNHA, Olívia Gomes da. *Intenção e Gesto. Op. cit.*

13 Em pesquisa sobre Rio Claro, Warren Dean verificou que, naquela cidade, o negro, em alguns casos, continuou trabalhando na fazenda com salário mais baixo que o de um branco. Quando não o fez, na maioria das vezes, foi porque se dava preferência ao europeu para se tornar "colono". Os que não trabalhavam nas fazendas foram morar em periferias. Apareciam frequentemente nas páginas policiais, geralmente com o adjetivo "preto". Cf. DEAN, Warren. *Op. cit.*

14 *Correio de Campinas*, 12/1/1908.

pertasse maior compaixão no leitor habitual da folha se assim o fosse e se a personagem não residisse à Rua José Paulino. Destarte esse trecho exemplifica quão perversa era a lógica segregacionista que regia essa sociedade.

IV – Caso I (Benedicta Maria da Conceição)

Retornemos aos casos. Esse subtítulo não se dedica especificamente a um tema como tenho feito até aqui. Escolhi um caso dentre muitos possíveis. É banal, na medida que não apresenta nenhuma situação que fuja ao corriqueiro, mas ao mesmo tempo possui algumas particularidades que gostaria de pontuar. Optei pela narrativa do caso de Benedicta Maria da Conceição, e de sua leitura buscarei extrair as significações históricas mais gerais que nos auxiliarão na elucidação dos problemas propostos.[15] A passagem, de uma coisa à outra, pode parecer abrupta, mas a história não é um emaranhado de acontecimentos lineares. Nós que tendemos a apaziguar essas disjunções para torná-la mais palatável.

Benedicta Maria da Conceição é descrita como parda,[16] nacional, com 15 anos, solteira, filha de Amélia Ferraz de Campos, prestadora de serviços domésticos, moradora à Rua José de Alencar, número 81, não sabendo ler nem escrever. Vejamos sua declaração:

> Declarou que á 5 anos se empregou na casa de dona Felisberta Menezes Pinto, á rua Alvares Machado número vinte e dois. Era nessa ocasião a declarante bem criança mas conta que já era perseguida pelo filho de sua patroa, de nome Eduardo. A declaran-

---

15 Eduardo Pinto Silva (réu); processo criminal (estupro/rapto), ofício 99, caixa 32, n°0496, TJC, CMU, 1911.

16 No exame de corpo de delito, também é descrita como parda.

te "pernoitava na sala de jantar, perto do quarto do mesmo, e de noite ele vinha até junto da declarante fazer propostas desonestas, sendo porém sempre repelido, motivo porque Eduardo abandonou seu desígnios criminosos; que naturalmente, porém, começou a sofrer novas perseguições, e afinal, depois de muitas promessas de dinheiro a presente, no mês de maio ou Junho do ano passado, entregou-se a Eduardo, sendo desonrada as seis horas da tarde em ocasião em que se achava ausente a patroa; que depois isso continuou ainda por dois meses a ter relações com Eduardo, até que enfim despediu-se da casa indo empregar-se na casa do Sr. José Bravo.

No auto de corpo de delito verifica-se que sua constituição corporal era regular. O defloramento era existente e considerado antigo. A menor achava-se grávida, em estágio bastante adiantado.

Trabalhar em "casa de família" era, sem sombra de dúvidas, a profissão mais comum entre as mulheres negras. As que aparecem nos processos, em sua maioria, o são, e em segundo lugar, temos as lavadeiras. Benedicta, portanto, passou a morar com sua patroa, a mãe do dentista Pio Pinto, ainda criança. Segundo duas das testemunhas, lá esteve empregada por cinco anos, e só saiu para refugiar-se na casa de Cypryana Aurora Gomes, quando do ocorrido, cerca de três meses antes de seu depoimento. Aparentemente, era quem tinha relacionamento mais íntimo com Benedicta, já que morou em sua casa até os 11 anos, e não na de sua mãe, que à época em que se sucederam os fatos, era "amasiada com um preto", como afirma sua madrinha Francellina da Costa, outra das testemunhas.

O réu era Eduardo Pinto Silva, branco, com 37 anos, solteiro, brasileiro, filho de Eduardo Pinto de Almeida, já falecido, empregado do comércio, morador à Rua Alvares Machado, número 22, sabendo ler e escrever. Negou ter tido relações sexuais com a reclamante e afirmou que havia deixado sua casa há seis meses. Segundo ele, queria "lhe extorquir dinheiro". As testemunhas são todas descritas como "pardas" ou "pretas". Fazem parte da rede de sociabilidade da garota, sendo parentes ou amigo da família da depoente, como afirma Chrispim Camargo.

Diante do juiz, algumas semanas depois, a primeira pessoa a depor foi Francellina da Costa, solteira, com 37 anos, natural da cidade de Itú e residente na cidade de Campinas, lavadeira. Era também madrinha de Benedicta. Afirmou que sua afilhada "estava alugada em casa de dona Felisberta", mãe do denunciado, quando decorrido o ato que a fez engravidar.

Segundo a mãe de Benedicta, a patroa da mesma exercia vigilância sobre a menor, em cuja companhia saía a passeio. Amélia ia visitar sua filha às vezes, assim como essa ia visitá-la outras tantas. Sequer cultivava o hábito de ir às compras. Embora tivesse gênio forte, Amélia não gostava que sua filha "frequentasse o portão de sua casa conversando com homens", atitude que sua patroa igualmente desaprovava. Nesse caso, a estratégia argumentativa da mãe da reclamante incide em demonstrar que a patroa da menina, portanto mãe do acusado, foi quem mais a influenciou. A despeito de ser amigada com um "preto", dona Felisberta foi quem deu lhe sólidas bases morais. Chegou a admmitir ser amigada com "um preto de nome Belchior", no entanto, tomava o cuidado de não deixá-los sozinhos. Quando não estava em casa, Benedicta não entrava. Na casa de dona Felisberta, trabalhava como cozinheira, não havia criados, e com eles morava apenas um sobrinho ainda criança.

Confesso que o termo "alugada" me intrigou. Mais adiante, Cypryana fala a respeito novamente:

> (...) fora agregada e alugada seus serviços em casa de Dona Felisberta, aonde se conservaria até uns

quatro meses atrás, mais ou menos, quando inesperadamente, fugira dali acolhendo-se a casa da depoente, e que a ofendida queixava-se nessa ocasião de estar sofrendo de uma suspensão de regras; que tendo melhorado um pouco o seu estado de saúde, fora para a casa de José Bravo a pedido destes mas que decorrido três meses, agravando-se os incômodos da ofendida, aquele cidadão fizera com que regressasse para a casa da depoente (...).

O Padrinho da garota, José Ribeiro de Saraiva, disse que sabia do ocorrido apenas de ouvir dizer, e que desde o nascimento de sua afilhada não se envolvia com sua vida, desconhecendo que estava "alugada", inclusive.

O advogado de defesa, Orestes de Moraes Alves, definiu a relação entre Benedicta e sua patroa como de "dependência". Não nos explicou o que queria dizer com isso, mas Cypriana, sim:

> (...) num dia que não se recorda, o dentista Pio Pinto, irmão do acusado, apareceu em sua casa antes do almoço em companhia da mãe da menor. Ela se retirou quando entrara na sala e ouviu o dentista fazer a oferta de cinquenta mil réis. Não sabe, por fim, qual o fim da referida proposta.

A depoente fez essa afirmação na delegacia. Diante do juiz disse que o irmão do réu teria oferecido dinheiro à mãe de Benedicta com o "(...) intuito de dar-lhe uma gratificação pelo fato de não ter a menor ofendida recebido salário algum durante o tempo que esteve em casa do denunciado". Disse-nos também que "a criara e pusera de aluguel em casa da mãe do suposto ofensor. Procurava ocultar o caso e tentava que ficasse abafado, sendo de parecer que se aceitasse uma proposta do suposto Pio Pinto, no sentido de receber a ofendida uma gratificação mensal de cinquenta mil réis".

A depoente, diante desse alvitre, aconselhou a mãe da ofendida que entrasse num acordo com José Bravo e levasse o caso ao conhecimento da polícia "para se fazer justiça". E foi a partir desse conselho que Amélia resolveu agir. A depoente ainda informou que não conversava e há nove anos não via a ofendida, portanto nada poderia informar sobre seus "costumes". Respondendo ao réu, sabia que Amélia vivia amasiada com Belchior da Costa, empregado da Companhia Paulista. O advogado de defesa pediu que o depoimento da mesma não tivesse valor jurídico, uma vez que afirmou que foi a mesma que convenceu a mãe da ofendida a depor, e portanto, havia interesses óbvios em sua declaração. A testemunha, por seu turno, sustentou seu depoimento.

Por qual motivo essas pessoas mantiveram a menor empregada nessa casa, por cinco anos, em troca de comida e um lugar para morar? A resposta não se avista muito claramente, já que não era um assunto central para os agentes envolvidos no processo. Contudo, pelas falas da mãe e da madrinha de Benedicta, é possível esboçar uma explicação.

Podemos inferir uma tentativa de blindar a menina contra o estigma e a discriminação que sofria, inclusive durante o processo. Uma tentativa de afastá-la da possibilidade de ser deflorada. No capítulo anterior, vimos vários exemplos de que se fazia uma ligação direta entre frequentar certos ambientes e ser automaticamente associado à vadiagem e à imoralidade. Não era difícil encontrar anúncios de jornal procurando trabalhadoras com os dizeres de "prefere-se brancas":

> Ama de Leite
> Precisa-se de uma na Rua Ferreira Penteado, nº 118.
> Dá-se preferência da cor branca sem filhos.[17]

---

17 *Correio de Campinas*, 16/01/1908.

> Cozinheira
> Necessita-se uma que seja perita. Prefere-se branca. Informações na tipografia.

Imagina-se que esses eram os melhores postos nas casas mais abastadas. Os negros, sendo frequentemente associados a um passado cativo e tendo seu comportamento cerceado e visto com reservas, partiam em desvantagem. É de se imaginar que os parentes de Benedicta quisessem que ela fosse criada noutro ambiente, almejando que um dia pudesse ocupar melhores postos que o de lavadeira ou empregada de pessoas menos endinheiradas. Não há qualquer informação sobre a educação que a menina eventualmente tenha recebido, e consta no auto de declaração que não sabia ler nem escrever. Supondo que não recebeu nada além de casa e comida, quando fosse mais velha, mesmo que fosse procurar emprego noutra residência, possuir a referência de ter sido criada nessa casa me parece ser a questão essencial dessa história. Tanto o é que empregou-se à casa do sr. Bravo, como a mesma nos informou em sua declaração inicial. Ao que aparenta pelo processo, o dentista Pio Pinto era famoso na cidade. Sua família residia ao centro da cidade. Benedicta estava em território hostil. Isso fica claro na fala do advogado de defesa:

> (...) o temor de revelar essa falta o pudor da donzela, ferida com a perda de sua honra. Este sentimento é próprio de pessoa educada em meio elevado, onde se cultivam os princípios de uma moral sã. Benedicta, pela sua origem e condição, não é um exemplar dessa natureza.

A argumentação dessa passagem explicita a forma como o advogado (e não apenas ele, certamente) enxergava a conduta das classes inferiores. Reconhece a existência de valores culturais que correspondiam de acordo com a classe a que se pertencia. A origem e a condição social eram seus fatores determinantes. Os valores morais, portanto, eram inexistentes num nível mais rasteiro. Segundo este:

> A queixa que deu origem a este processo foi sugerida pela ambição da mãe da menor, uma *preta de má vida*, que descobriu na gravidez da filha um motivo de exploração contra o acusado. [Itálicos meus]

Se o projeto do advogado de defesa era apontar as supostas falhas morais das envolvidas com frases depreciativas quanto à sua condição social e a de sua mãe (chegando até a afirmar, no final de sua argumentação, que naquela cidade havia muitas prostitutas de 16 anos, sugerindo ser esse o caso de Benedicta), o promotor procedeu de maneira oposta, realizando uma defesa substancial. Apontou para o fato de que o advogado do réu fez muitas conjecturas, e chegou a inventar frases que as testemunhas teriam dito. Acerca da suposta imoralidade da ofendida, disse:

> (...) uma menina que sempre viveu em meio honesto (sempre esteve apartada da mãe) e que não podia, em que para á defesa, deixar e ter aquilo que é atributo de seu sexo, que não tem apenas as mulheres de educação elevada, mas todas as que são honestas: o pudor.

Para além do caso em sim, estamos diante de dois discursos que convivam nessa sociedade. De um lado temos o pensamento classista, restritivo e ansioso por reformas conservadoras. É a lógica da segregação e da marginalização. Do outro, o discurso daqueles que ansiavam por uma modernidade que os incluísse plenamente, ou ao menos reconhecesse sua cidadania, sua existência e autonomia. Quando essas duas vontades se cruzam, há conflito, nesse caso plasmado em forma de processo. Mas, evidentemente, havia uma ampla desproporção de forças.

V – Sobre a honra

A defesa do promotor serve como mote para esse subtítulo. Nesse período, havia duas imagens que buscavam explicar o comportamento feminino. Aquelas que não se enquadravam em papéis sociais prescritos por uma sociedade burguesa em ascensão eram tidas por "vagabundas", em oposição às mulheres "honestas". Como bem definiu Dias:

> Alguns estereótipos e valores ideológicos relativos aos papeis sociais femininos tem menos a ver com uma condição universal feminina do que com tensões específicas das relações de poder numa dada sociedade.[18]

É exatamente o caso em questão. Para a mulher pobre, sobretudo a negra, era difícil enquadrar-se na categoria de "honesta".[19] Seu padrão de comportamento fugia àquele estabelecido como o normativo pelos discursos médico e jurídico, por diversas razões. O caso de Benedicta Maria da Conceição é um exemplo, mas há outros.

Benedicto Toledo do Nascimento, uma das testemunhas do processo em que figurou como réu, Sebastião Pinto nos disse que a reclamante, Leonor Maria de Jesus, "(...) não vivia com grande recato, pois contudo nunca tivesse visto em companhia dos homens,

---

18 DIAS, Maria Odila Leite da Silva Dias. *Op. cit.*, p. 101.
19 ABREU, Martha Campos. *Meninas Perdidas*: os populares e o cotidiano do amor no Rio de Janeiro da belle epoque. Rio de Janeiro: Paz e Terra, 1989; CAUFFIELD, Suenn. *Op. cit.* DIAS, Maria Odila Leite da Silva Dias. *Op. cit.*

em passeio, frequentava todavia bailes duvidosos".[20] Mais adiante, o advogado de defesa defende que andava sozinha de casa, na Rua Doutor Quirino, até o Guanabara, e isso a fazia suspeita.[21]

Em outro episódio, Franklim de Camargo não cumpriu a promessa de casar-se com sua ex-noiva, Benedita de Moraes.[22] Quando interpelado, declarou que namorava Benedita havia dois anos e chegou a pedi-la em casamento, o que não se efetivou posteriormente por falta de recursos. Teria sido avisado por vários amigos que sua noiva não era honesta, pois foi "desonrada" havia tempos por um homem de nome Manoel Rocha. Por estimá-la, não quis dar ouvido a tais boatos. Porém, depois de quatro meses, verificou que, numa noite, cerca de 10 horas, estando com sua noiva na casa desta, no quintal, convidou-a a ter com ele relações sexuais. Esta se recusou, e ele que queria tirar a prova por ser ela muito mal falada em Valinhos. E assim conseguiu seu objetivo que era confirmar que, de fato, ela já era desonrada.[23]

É o mesmo argumento utilizado por Florêncio Vieira, acusado de deflorar Maria da Conceição de Paula:

> (...) que no ano passado começou a namorar a ofendida, desde a ocasião em que assistiu a uma festa em que a mesma se achava, à Rua Major Solano; que prometeu casamento à mesma, porém, em fevereiro, indo à casa onde se achava a ofendida empregada, à rua General Carneiro, aí convidou a mesma a ter consigo relações sexuais; que verificou nessa ocasião que a mesma já não era mais honrada, pelo

---

20 Leonor é descrita como preta.
21 Sebastião Pinto, réu; processo criminal (defloramento), ofício 99, caixa 44, n° 0686, TJC, CMU, 1914.
22 Ambos são descritos como pardos.
23 Franklim de Camargo, réu; processo criminal (defloramento), ofício 1°, caixa 556, n° 10399, TJC, CMU, 1914.

que desistiu de casar-se com ela; que é verdade já ter sido chamado à policia por uma queixa idêntica dada por uma preta de nome Deolinda, ficando, porém, provada a sua inocência; que poderá casar-se coma ofendida, com a condição de abandoná-la logo em seguida.[24]

Como podemos notar, todas essas mulheres era que estavam sendo julgadas. Seu comportamento sexual era o que estava em pauta, sempre vigiado pelos atentos olhares dos réus, testemunhas, delegados, juízes, promotores, advogados...

VI – Da vadiagem

As mulheres cujo comportamento era qualificado como "vadiagem", para além do conceito de vadiagem atribuído ao seu suposto trabalho eram associadas imediatamente à prostituição. Deste ponto do capítulo em diante, atentarei aos processos que envolvem essas questões de maneira mais direta. Volto-me, portanto, aos processos de vadiagem que apresentam mulheres como rés.

VII – Caso II (Eva Maria da Conceição)

Chamava-se Eva Maria da Conceição. Era preta, casada, sem ofício certo, natural de Campinas, filiação segmentada.[25] Tinha

---

24 Florêncio Vieira, réu; processo criminal (defloramento), ofício 1º, caixa 638, n° 13055, TJC, CMU, 1913.

25 No primeiro processo analisado, aparece a indicação de pais incógnitos; no segundo, a ré declara seus pais. Cf. Eva Maria Conceição, ré; processo de contravenção (vadiagem), ofício 99, caixa 20, n° 0291, TJC, CMU, 1907; Eva Maria Conceição, ré; processo de contravenção (embriaguez/vadiagem), ofício 99, caixa 20, n°0292, TJC, CMU, 1907.

então 23 anos de idade quando se instaurou o primeiro processo contra sua pessoa. Ela foi incursa no artigo 399 do código penal, acusada de vadiagem, portanto. Havia sido presa reiteradas vezes, sempre pelo mesmo motivo. Como mencionei no capítulo anterior, o número de prisões por vadiagem era extremamente elevado com relação ao de processos. Esses só eram instaurados em casos de muitas prisões, como o de Eva. Por não ser propriamente um crime e sim uma contravenção, é provável que passassem a noite na cadeia e fossem soltas no dia seguinte. Nesse caso, segundo o carcereiro, foram doze prisões, ora por embriaguez, ora por vadiagem e/ou desordem.

Comecemos pelas testemunhas. As duas primeiras residiam à Rua General Carneiro, no nº 26. Eram eles: Carlos Guimarães e José Antonio Rabello. A coincidência de endereço é sinal de que moravam em alguma habitação coletiva.[26] Carlos Guimarães era carioca, com 25 anos, empregado no comércio, solteiro e não sabia ler nem escrever. Já José Antonio Rabello, tinha 26 anos, natural do estado de São Paulo, solteiro, empregado na Companhia Mogyana.

Ambos concordavam sobre a "vagabundagem" de Eva. José Antonio nos informou que ela ficava em frente ao Rink, promovendo a desordem. Carlos enfatizou que "Eva Linguiça" embriagava-se habitualmente, e nesse estado promovia a desordem. Insistiram nessa alcunha para Eva durante todo o processo.

A terceira testemunha foi Leoncio Ferraz de A. Campos, também natural desse estado, com 26 anos, solteiro, oficial de justiça, sabendo ler e escrever. Repetiu a questão da vagabundagem "conhecida" de Eva, do habitual estado de embriaguez que sempre se

---

26   Os cortiços eram o maior tipo de habitação popular existente na cidade no inicio do XX. Cf. CARVALHO, Edmir. *Habitação Popular em Campinas*. Dissertação de mestrado em História, IFCH-Unicamp, 1991.

encontrava. Também nos disse que Eva era sempre vista nos botequins que ficavam à Rua da Conceição, em frente ao Rink.

Deste modo, para as três testemunhas, todos homens, a prisão de Eva era justa, posto que bebia e, assim sendo, provocava desordem. Tratava-se de uma acusação demasiado vaga, afinal, a ré não foi presa por uma situação específica e os depoimentos não trouxeram nenhum caso concreto. Era um discurso que acertava com a fala do delegado.

Segundo Bandeira de Mello, Eva, que tinha apenas 23 anos e não sofria de qualquer moléstia, preferia ficar "bebendo pelas tabernas" ao invés de trabalhar, na mais completa ociosidade. Em suas próprias palavras:

> Prostituta de baixa ralé, entrega-se por alguns réis ou por um copo de aguardente, ao primeiro que solicita seus favores conforme informaram-me os agentes de policia desta delegacia.
> Sem domicilio, ela dorme na casa daqueles que desejam gozá-la, ora nos largos e ruas desta cidade, onde as dez horas, por diversas vezes tem sido presa por praticar cenas da mais desregrada orgia. Com indivíduos de sua laia. Perdeu completamente o brio e não tem ela o menor receio da prisão, na qual faz quase sua residência.

Bandeira de Mello atacou a honra de Eva. Acionou uma série de estereótipos que diziam respeito ao papel normativo da mulher. A não adequação desta a esse modelo era sumariamente avaliada como vadiagem, associada à prostituição.[27] É um me-

---

27 Os trabalhos de Garzoni e Santiago chegam a conclusões parecidas. Cf. GARZONI, Lerice de Castro. *Op. cit.*; SANTIAGO, Silvana. *Tal Conceição, Conceição de Tal*: Classe, gênero e raça no cotidiano de mulheres pobres no Rio de Janeiro das primeiras décadas republicana. Dissertação de mestrado em História, IFCH-Unicamp, Campinas, 2007.

canismo parecido com o que vimos no capítulo anterior, onde a consequência dessa contravenção, no caso masculino, seria para a prática de furtos e roubos.

Até aqui, nenhuma novidade. É exatamente a mesma associação que Bento Faria, em seus comentários ao código penal de 1890, produziu:

> A prostituta profissional, a que trafica habitualmente com o corpo vendendo o seu gozo momentâneo ao primeiro que aparece; que nos lugares públicos, sem recato, e antes ofensivamente procura atrair fregueses para a sua carne; e finalmente que vive *exclusivamente* dos lucros que aufere dessa torpe indústria – é indubitavelmente *vadia*, provê a sua subsistência por meio de ocupação manifestamente ofensiva da moral e dos bons costumes.[28]

Como Eva lidou com isso? No primeiro processo (e respondeu a dois no total), não contestou os depoimentos das testemunhas, o que o delegado tomou por confissão, e o juiz, por seu turno, a fez assinar o termo de bem viver.[29]

Em junho, novo processo foi iniciado. Segundo o carcereiro, foi detida em mais quatro oportunidades, três por embriaguez e uma por desordem. Logo de cara percebemos algumas diferenças. De pais incógnitos, passou a ser filha de Isaías e Maria, e declarou residir à Rua Benjamim Constant, n° 4, há quinze dias. Essa

---

28 *Annotações Theorico-praticas ao Código Penal do Brasil*. De accordo com a doutrina, a legislação e a jurisprudência, nacionais e estrangeiras, seguido de um apêndice contendo as leis em vigor e que lhe são referentes por Antonio Bento de Faria. Rio de Janeiro: Papelaria União, 1904, p. 606-8. *Apud* GARZONI, Lerice. *Op. cit.*, p. 100.

29 Termo de bem viver era um documento que o réu era obrigado a assinar quando saísse da cadeia. Nele, comprometia-se em procurar ocupação honesta em um prazo máximo de quinze dias.

alteração acende a hipótese de que Eva procurava livrar-se da estigmatização do primeiro processo. De "vagabunda", que vivia "bebendo pelas tabernas", passou a ser sujeito. Com isso, rebateu a maioria dos pontos que faziam dela uma "vagabunda" aos olhos da lei, da polícia e da sociedade. A única coisa que lhe faltava era um emprego, o que logo tratou de explicar em sua defesa. Disse que resolveu lavar roupa para "Beatriz de tal", moradora de um bordel na Rua Campo Salles. Ficou lá vinte dias e saiu porque lhe disseram que ela não pagava ninguém.

Quanto às testemunhas, a primeira foi Euclides Ferreira de Andrade, branco, 29 anos, solteiro, brasileiro, filho de José Ferreira de Andrade, farmacêutico, morador à Rua Moraes Salles, n° 165, sabendo ler e escrever. Afirmou que, desde quando era autoridade, conhecia Eva como ébria e desordeira. Também se mostrou ciente de que ela havia sido presa naquele ano e condenada, além do que, em sua avaliação, em nada havia mudado desde o ocorrido.

A segunda testemunha foi Joaquim Rodrigues de Faria, branco, com 30 anos, casado, brasileiro, filho de José Faria, já falecido, negociante, morador à Rua General Carneiro, n° 70, sabendo ler e escrever. Definiu a ré como "(...) a mais incorrigível das vagabundas que envergonham esta cidade". Disse que se tornou ciente de sua condenação através dos jornais.

Por fim temos a declaração de Antonio Joaquim Ribeiro Júnior, branco, com 33 anos, filho de Antonio Joaquim Ribeiro, casado, brasileiro, negociante, morador à Rua Regente Feijó, n° 24, sabendo ler e escrever. Declarou que Campinas inteira conhecia a acusada como vagabunda, como desordeira e como ébria, e não lhe constava que tivesse sido empregada.

Testemunhas brancas, sabendo ler e escrever, todos empregados, representantes daquela sociedade que se via chocada, escandalizada com o comportamento desregrado e imoral da acusada. As acusações, mais uma vez, foram vagas, e pelo teor dos depoimentos, soavam como uma resposta às declarações de Eva. Quando perguntada a que devia o então presente processo, disse entender que se devia à "(...) perseguição da polícia, pois não é ela a única vagabunda desta cidade, existindo outras mais desordeiras que ela acusada e que, entretanto, não são processadas".³⁰

Esse trecho é intrigante. Eva atribuiu sua prisão à perseguição. Mas por que era perseguida? O que entendia por ser "vagabunda" ou "desordeira"?

Tratam-se de questões necessárias, embora de difícil acesso. Parece-me claro que os termos "vagabunda" e "desordeira" eram entendidos por essa personagem de maneira muito diversa daquela dos policiais. Se num primeiro momento Eva parecia não estar incomodada, ou apenas despreparada para enfrentar o discurso das autoridades, alguns meses depois se mostrava plenamente ciente do que esses sujeitos pensavam a seu respeito, e a partir disso, traçou uma tática para frustrar os objetivos do delegado. Certamente que isso não era fácil, sobretudo arranjar emprego, nas suas condições, parecia difícil. Sua estratégia, por sinal, fracassou, posto que o juiz a condenou a mais um mês e cinco dias de reclusão.

---

30 É provável que Eva estivesse referindo-se a mulheres como Maria Inocencia de Jesus (indicada como parda), também acusada de vadiagem. Quando foi instaurado o processo, verificou-se que esta esteve presa por 34 vezes em apenas um ano, sendo 25 por embriaguez e 9 por vagabundagem. Segundo o delegado, era "ébria relapsa e vagabunda incorrigível". Cf. Maria Innocencia de Jesus, ré; processo crime (vadiagem, embriaguez), ofício 3, caixa 518, nº 09925, TJC, CMU, 1908.

VIII – Caso III (Francisca Maria da Silva)

O processo teve início no dia 20 de fevereiro de 1907. A personagem da vez era Francisca Maria da Silva.[31] Declarou ter 16 anos e ter acabado de completá-los, em 25 de março último. Era natural de São José do Paraíso, morava à Rua Major Solano e era Filha de Raphael Manuel dos Santos e Joanna Maria dos Santos.

Gastão de Castro, branco, filho de Mathias de Castro e Maria [nome ilegível], ambos vivos, empregado no comércio, caixeiro na Casa Americana, residindo à Rua Doutor Quirino, n° 22, sabendo ler e escrever, disse que há muito conhecia a ré "de vista", prostituta de baixa esfera. Afirmou vê-la frequentemente em frente ao Rink, fosse noite ou dia, em botequins da Rua Conceição, entre às ruas Barão de Jaguará e Francisco Glicério. Disse ainda que:

> (...) tais casas de bebidas nessas ocasiões acumulam-se de mulatos, e pretos, de ambos os sexos, tidos e havidos como vagabundos, sendo frequente embriagar-se fazerem desordens; que, entretanto, nunca reparou se Francisca Maria da Silva (...) estivesse bêbada;

Gastão nos deu acesso a conhecer um espaço de sociabilidade importante para os negros nesse período: os botequins do centro da cidade. O leitor deve ter notado que, por diversas vezes, as mais diferentes testemunhas falam sobre esses botequins que ficavam à Rua Conceição.

"Rink" era o Theatro Rink, uma casa de shows. Situava-se à Rua General Carneiro. Há propagandas nos jornais que datam de pelo menos 1886. Em geral, envolvia espetáculos com ilusio-

---

31 Francisca Maria da Silva, ré; processo de contravenção (embriaguez/vadiagem), ofício 4, caixa 273, n°6365, TJC, CMU, 1907.

nistas e números musicais. Para que tenhamos uma ideia do público frequentador, num espetáculo de 1886, o camarote custava 10 mil réis. Não estou certo se alguém pobre teria condição de ir a um espetáculo desses, já que era o preço de metade de um aluguel, como indica Francisca em dado momento do processo (e estou considerando que sua colega de quarto dividisse o aluguel pela metade).

A segunda testemunha é José Lopes de Castro Dias, branco, casado, natural do Rio de Janeiro, com 23 anos de idade, filho de José Lopes Mendes e Francisca Figueira Dias, ambos falecidos, empregado no comércio [nome ilegível], sabendo ler e escrever. Castro Dias revela que o apelido de Francisca era "Chiquita Vagabunda". Para ele:

> (...) essa rapariga anda sempre com outros mulatos e pretos, apontados geralmente como meretrizes de baixa estirpe, razão pela qual a reputa do mesmo comercio ilícito; que ela, não só estaciona pelas esquinas, em palestra com sujeitos de má nota, mas ainda frequenta os botequins da rua Conceição, próximos ao Rink, onde se reúnem alcoolistas e malandros; que, em noites de divertimento publico, quando as aludidas casas permanecem abertas até alta hora, repletos de vicio, ali se acha Francisca Maria da Silva ou Chiquita Vagabunda; que finalmente não pode afirmar que se além de ser vadia, a acusada é ainda ébria.

Mais uma vez, portanto, vemos associação entre negros e o vício. Para José, só o fato de que Francisca andava acompanhada de "pretos" e "mulatos" seria motivo suficiente para considerá-la vagabunda. As insinuações quanto à sua honra, mais uma vez, se fazem presentes.

A última testemunha foi novamente Leoncio Ferraz, o mesmo que testemunhou contra Eva. Repetiu o discurso dos dois últimos. Diferentemente do último caso, o que a fazia ser vadia não era a bebida em si, mas as companhias e o ambiente que frequentava. Leôncio também não sabia informar se a ré era ébria.

Bem, vejamos o que a ré tinha a declarar sobre sua situação. De início já admitiu ter "caído na vida". Afirmou residir à Rua Major Solano desde essa época, que por vezes se mudou de casa, mas sempre voltava à referida rua. Declarou que era de São José do Paraíso, Minas Gerais, que vivia da ajuda de uns e outros e foi presa ao sair do botequim de Francisco Villela, à Rua Dr. Quirino. Quando interrogada sobre o que poderia alegar que provasse ou justificasse o que fez, contou a seguinte história:

> Disse que, órfã de pai quando perdeu a mãe, ficou sob a guarda da família do senhor Francisco de Oliveira, que no principio de 1903 fugiu para casa do senhor Ferraz, fiscal do serviço de limpeza publica, e daí para companhia de um namorado, o pretinho de nome Elydio, atualmente de [ilegível] Tillbury, o qual a deflorou em março daquele ano, tendo ela apenas dez anos de idade; que um mês após, abandonada pelo sedutor começou entregar seu corpo a diversos embora não fizesse disso um meio exclusivo, pois trabalhava ainda; que de seis meses a esta parte, já prostituída e não obtendo mais emprego honesto, entrou francamente no comercio ilícito, a fim de ganhar a subsistência, recebendo ainda cinco mil réis por aposta; que mora com outra meretriz de nome Lucilia Salles, à rua major Solano, ajudando-a no pagamento de aluguéis da casa com dez mil réis mensais, quando tem dita quantia; que as vezes se embriaga, é certo, mas que não sai a rua em tal estado, para dar escândalo; que só numa ocasião aconteceu ser recolhida de bêbada pela po-

licia; que é também verdade que em noites de espetáculo frequenta os botequins da Rua Conceição, onde há gente ruim, isso porque não a admitiram nos de consideração; que finalmente, não tem o costume de provocar desordem, por má índole ou sob influencia do álcool, havendo apenas repelido ataques dos que a insultam.

A citação é longa, mas recompensadora. Informo o leitor de antemão que esse texto foi suficiente para que ela não fosse condenada, embora o processo tenha sido anulado por problemas referentes à sua execução.

A história narrada por Francisca contém os principais problemas deste livro. É uma história violenta, em todos os sentidos. Uma garota que cresceu num ambiente masculino e agressivo. É a história de uma menina que foi violentada, mas que ainda assim procurou o caminho da vida "honesta". O preconceito e o estigma, porém, negaram-lhe essa possibilidade, e por sobrevivência, se viu obrigada a se prostituir. Mesmo se admitindo meretriz, Francisca construiu uma narrativa que induzia o espectador a pensar que as circunstâncias da vida a fizeram assim, que não escolheu de vontade própria "cair na vida" e frequentar lugares de má reputação. A forma como estruturou os episódios que compunham sua vida apontava o dedo de volta para quem lhe acusava.

O caso de Francisca, apesar de singular, diz muito sobre a sociedade da qual fez parte. Contra Francisca pesavam todos os discursos que procuravam enquadrar, controlar e subjugar. Entretanto, ela nos ensina uma lição. Se o espaço para registrar sua fala lhe é negado, se todas as formas de negociação foram esgotadas, há ainda a possibilidade de reelaborar o discurso do opressor. Sua voz não está registrada em alto e bom som, mas ainda assim ela se faz presente, mesmo que em reduzido volume. Cabe ao historiador saber ouvir.

Anexo

advogado de Guilhemina, Antonio Alvares Lobo.
Ao 2º escrivão. Campinas, 15 de agosto de 1886. Vieira. Dizem Inez e seus filhos João, Eva e Henriquetta, que passam por escravos de Domingos Francisco de Moraes, Josephina e Valentina, de Octaviano Pompeu do Amaral, Olympia, de D. Maria Umbelina; e Clementina de D. Maria Angêla de Souza Aranha, viúva, do finado Major Carlos Egydido de Souza Aranha, a 1ª e demais Sup.es [?], filhos e netos de Guilhermina, atualmente liberta, que vêm requerer a Vsª o Seguinte:
A liberta Guilhermina, mãe e avó, Sup.es, é africana de nação. Veio para o Brasil, importada em navios negreiros, que conduziam da África pretos para o comércio de trafico neste Império. Devendo cessar o vil comércio por virtude até de convenções internacionais, fez-se promulgar a Lei de 7 de novembro de 1831. Entretanto, apesar da proibição legal, como está na consciência de todos, a lei foi burlada em seus efeitos continuando-se no nefando tráfico de homens livres, que desde aquela época nem mais legalmente podiam ser considerados como propriedade licita. A Africana Guilhermina, avó e mãe dos Sup.es, veio [rasurado] das levas, quando já a mercadoria precisava, para entrar, escolher as

desvezas [?], escondendo-se dos cruzeiros ingleses que batiam em [águas] brasileiras, furtando-se a vigilância das autoridades territoriais do Império, fazendo seus desembarques em lugares desertos e ocultos e seguido o destino que o esperava á noite, para que o roubo fosse mas perfeito e mais repulsiva a conculcação de direitos tão sagrados. Guilhermina entrou no Império como escrava, quando o tráfico estava proibido e eram jugados livres o escravos vindo de fora: "Lei de 7 de novembro de 1831 art. 1°; doc. n° 1. Tua descendência continuou no cativeiro apesar de ter nascido de pessoa livre, que viveu como escravizada.

Assim, pois, os Sup.es querem propor a competente ação de liberdade em seu favor. Com a devida e respeitosa venia [?], pedem a V.S^a serra-se mandar citar os senhores dos Sup.es – Domingos Francisco de Moraes, Octaviano Pompeu do Amaral, D. Maria Umbelina Bueno e D. Maria Angela de Souza Aranha para á 1ª audiência posteriro á citação virem assistir a propositura da competente ação em que:

1°P.

A preta Guilhermina, Mãe e Avó dos Sup.es é africana de nação.

2°P.

Que foi importada, como escravizada, depois de 7 de novembro de 1831.

3°

Que, assim sendo, os Sup.es, filhos e netos, sua descendencia considerada escravizada, são livres de direitos e de fato, sem embargo da permanência em que se têm estado no cativeiro;

4°

Que os Sup.es são os mesmo quanto a sua identidade.

Nestes termos, requerem que a presente seja distribuída e autuada com os doc. juntos. Oferecem as certidões de filiação

Inez (doc. n°2); de Clementina (doc. N°3); de Josephina (doc. n°4); de Olympia (doc. N°5); de Henriquieta (doc. n°6), não tendo encontrado os assentos de Valentina, João e Eva, protestando dar prova de sua filiaçãoe tempo legal.

Assim,

P.P. a VS.ª que mande citar com [rasurado]devidavenia [?] que respeitosamente impretam, aos Sup.os na forma requerida, depositando-se os Sup.es em poder de pessoa eclonea, dando-se [continua].

Campinas, 13 de dezembo de 1886. Arrogo os Sup.es por não saberem ler nem escrever.

O advogado, Antonio Alvares Lobo.

Fontes

Arquivos Consultados

Arquivo Edgar Leurenroth (AEL-Unicamp)

Arquivos Históricos Centro de Memória da Unicamp (CMU)

Biblioteca Nacional do Rio de Janeiro

Fontes Manuscritas

Processos - Tribunal de Justiça de Campinas - CMU

Processos de contravenção de embriaguez/vadiagem (1888-1918) - 14 processos

Processos criminais de estupro (1888-1918) - 16 processos

Processos criminais de defloramento (1888-1918) - 60 processos

Processos criminais de furto (1888-1918) - 60 processos

Fontes Impressas

Jornais da Imprensa Regular (pesquisa pontual)

Cidade de Campinas - 1896/1910

Correio de Campinas – 1908
Diário de Campinas Folha Popular – 1888/1900
Gazeta de Campinas – 1888
Diário do Povo – 1912/1915

Jornais da Imprensa Negra

O Baluarte, 1903
O Getulino, 1923-1926

Relatorios de Presidente de Província/Presidente de Estado de São Paulo

Falla dirigida á Assembléa Legislativa Provincial de S. Paulo na abertura da 1ª sessão da 25ª legislatura em 16 de janeiro de 1884 pelo presidente, Barão de Guajará. São Paulo: Typ. da Gazeta Liberal, 1884.

Falla dirigida á Assembléa Legislativa Provincial de S. Paulo na abertura da 2ª sessão da 26ª legislatura em 10 de janeiro de 1885 pelo presidente, dr. José Luiz de Almeida Couto. São Paulo: Typ. da Gazeta Liberal, 1885.

Relatorio apresentado á Assembléa Legislativa Provincial de São Paulo pelo presidente da provincia, João Alfredo Corrêa de Oliveira, no dia 15 de fevereiro de 1886. São Paulo: Typ. a Vapor de Jorge Seckler & Cia., 1886.

Relatorio apresentado á Assembléa Legislativa Provincial de São Paulo pelo presidente da provincia, Barão do Parnahyba, no dia 17 de janeiro de 1887. São Paulo: Typ. a Vapor de Jorge Seckler & Cia., 1887.

Relatorio apresentado á Assembléa Legislativa Provincial de São Paulo pelo presidente da provincia, exm. snr.dr. Francisco de Paula Rodrigues Alves, no dia 10 de janeiro de 1888. São Paulo: Typ. a Vapor de Jorge Seckler & Cia., 1888.

Relatorio apresentado á Assembléa Legislativa Provincial de São Paulo pelo presidente da província, dr. Pedro Vicente de Azevedo, no dia 11 de janeiro de 1889. São Paulo: Typ. a Vapor de Jorge Seckler & Cia., 1889.

Mensagem enviada ao congresso legislativo, a 7 de abril de 1904, por Bernardinho de Campos, presidente do Estado.

Mensagem enviada ao congresso legislativo, a 7 de abril de 1905, pelo Dr. Jorge Tibiraçá, presidente de São Paulo. São Paulo: Typografia do Diario Official, 1906.

Mensagem enviada ao congresso legislativo, a 14 de julho de 1906, pelo Dr. Jorge Tibiraçá, presidente de São Paulo. São Paulo: Typografia do Diario Official, 1906.

Mensagem enviada ao congresso legislativo, a 14 de julho de 1907, pelo Dr. Jorge Tibiraçá, presidente de São Paulo.

Mensagem enviada ao congresso legislativo a 14 de julho de 1908 pelo Dr. M. J. Albuquerque Lins, Presidente do Estado. São Paulo: Duprat & Cia., 1908.

Mensagem enviada ao congresso legislativo a 14 de julho de 1909 pelo Dr. M. J. Albuquerque Lins, Presidente do Estado. São Paulo: Duprat & Cia., 1909.

Outras fontes

ASSIS, Machado. *Bons dias!*. Introdução e notas John Gledson, 3ª ed. Campinas: Editora da Unicamp, 2008.

Código Penal Brasileiro (Decreto nº 847 de 11 de outubro de 1890) comentado por Affonso Dionysio Gama. São Paulo: Saraiva e Cia. Editores, 1923.

OLIVEIRA VIANNA, Francisco José de. *Populações meridionais do Brasil*. Brasília: Senado Federal; Conselho Editorial, 2005. [1920]

REIS, F. *Paiz a organizar*. Rio de Janeiro: Editor A. Coelho Branco F.º, 1931.

Bibliografia

ALBUQUERQUE, Wlamyra Ribeiro de. *Algazarra nas ruas:* comemorações da independência na Bahia (1889-1923). Campinas: Editora da Unicamp, 1999.

ALVES, Maíra Chinelatto. *Quando falha o controle*: crimes de escravos contra senhores (1840-1870). Dissertação de Mestrado em História. São Paulo, FFLCH-USP, 2010.

ANDREWS, George Reid. *Negros e Brancos em São Paulo:* 1888 - 1988. Bauru: Edusc, 1998.

AZEVEDO, Célia Marinho. *Onda Negra, Medro Branco:* O negro no imaginário das elites. Rio de Janeiro: Paz e Terra, 1987.

AZEVEDO, Elciene. *Orfeu de Carapinha:* a trajetória de Luiz Gama na imperial cidade de São Paulo. Campinas: Editora da Unicamp, 1999.

BAENINGER, Rosana Aparecida. *Espaço e tempo em Campinas:* migrantes e a expansão do pólo industrial paulista. Campinas: Área de Publicações/CMU-Unicamp, 1996.

BALABAN, Marcelo. *Poeta do lápis:* sátira e política na trajetória de Angelo Agostini no Brasil Imperial (1864-1888). Campinas: Editora da Unicamp, 2009.

BASTIDE, Roger; FERNANDES, Florestan. Brancos e Negros em São Paulo, 4ª ed. São Paulo: Global Editora, 2008. [1ª ed. 1955].

BRETAS, Marcos Luiz. *Ordem na cidade* – o exercício cotidiano da autoridade policial no Rio de Janeiro: 1907-1930. Rio de Janeiro: Rocco, 1997.

BASTIDE, Roger. *Estudos Afro-brasileiros*. São Paulo: Perspectiva, 1973.

CARVALHO, Edmir. *Habitação Popular em Campinas*. Dissertação de mestrado em História, IFCH-Unicamp, 1991.

CHALHOUB, Sidney. *Visões da Liberdade*. Uma história das últimas décadas da escravidão na Corte. São Paulo: Companhia das Letras, 1990.

CHALHOUB, Sidney. *Cidade Febril:* Cortiços e epidemias na corte imperial. São Paulo: Companhia das Letras, 1996.

CHALHOUB, Sidney. *Trabalho, Lar e Botequim:* o cotidiano dos trabalhadores no Rio e Janeiro da Belle Époque, 2ª ed. Campinas: Editora da Unicamp, 2001.

CHALHOUB, Sidney. *Machado de Assis,* historiador. São Paulo: Companhia das Letras, 2003.

CHALHOUB, Sidney; MARQUES, Regina Beltrão; SAMPAIO, Gabriela dos Reis; SOBRINHO, Carlos Roberto Galvão (org.). *As artes e ofícios de curar no Brasil:* capítulos de história social. Campinas: Editora da Unicamp, 2003.

CUNHA, Olivia Maria Gomes. *Intenção e Gesto:* pessoa, cor e a produção cotidiana da (in)diferença no Rio de Janeiro, 1927-1942. Rio de Janeiro: Arquivo Nacional, 2002.

CUNHA, Olívia Maria Gomes da; GOMES, Flávio dos Santos (org.). *Quase-cidadão:* histórias e antropologias da pós-emancipação no Brasil. Rio de Janeiro: Editora FGV, 2007.

DEAN, Warren. *Rio Claro,* um Sistema Brasileiro de Grande Lavoura 1820-1920. Rio de Janeiro: Paz e Terra, 1977.

DIAS, Maria Odila Leite da Silva. *Quotidiano e poder em São Paulo no século XIX*, 2ª ed. São Paulo: Brasiliense, 1995.

DIAS, Maria Odila Leite da Silva. "Hermenêutica do quotidiano na historiografia contemporânea". In: *Projeto História.* São Paulo, n° 17, nov. 1998, p. 223-258.

EISENBERG, Peter. *Homens Esquecidos:* escravos e trabalhadores livres no Brasil – Séculos XVII e XIX. Campinas: Editora da Unicamp, 1989.

FERNANDES, Florestan. *A integração do negro na sociedade de classes,* vol. I – Uma interpretação sociológica, 5ª ed. São Paulo: Editora Globo, 2008. [1ª ed. 1964]

FERRAZ, Lizandra Meyer. *Entradas para a liberdade:* formas e frequência da alforria em Campinas no século XIX. Dissertação de Mestrado em História. IFCH-Unicamp, Campinas, 2010.

FONER, Eric. *Nada além da liberdade:* a emancipação e seu legado. Rio de Janeiro: Paz e Terra, 1988.

FRAGA FILHO, Walter. *Encruzilhadas da liberdade:* histórias de escravos e libertos na Bahia (1870-1910). Campinas: Editora da Unicamp, 2006.

FRANCO, Maria Sylvia de Carvalho. *Homens livres na ordem escravocrata.* São Paulo: IEB, 1969.

GARZONI, Lerice de Castro. *Vagabundas e Conhecidas:*novos olhares sobre a polícia republicana.(Rio de Janeiro, início século XX). Dissertação de Mestrado em História. Campinas, IFCH--Unicamp, 2007

GENOVESE, Eugene Dominic. *Roll Jordan Roll* (The World the Slaves Made). Nova York: Pantheon Books, 1974.

GOMES, Tiago de Melo. "Problemas no paraíso". *Estudos Afro-Asiáticos*, ano 25, n° 2, 2003, p. 307-331.

GOMES, Tiago de Melo. *Um espelho no palco:* identidades sociais e massificação da cultura no teatro de revista dos anos 1920. Campinas: Editora da Unicamp, 2004.

GUIMARÃES, Antônio Sérgio Alfredo. "Notas sobre raça, cultura e identidade na imprensa negra de São Paulo e Rio de Janeiro, 1925-1950", In: *Afro-Ásia*, n°29/30, 2003, p. 247-269.

HASKINS, James S. *Always movin' on:* The life of Langston Hughes. Trenton, NJ: Africa World Press, 1993.

HODES, Martha (org.). *Sex, love and race.* Crossing boundaries in North American History. Nova York: New York University Press, 1999.

HODES, Martha. The Mercurial Nature and Abiding Power of Race: A Transnational Family Story. In: *The American Historical Review*, vol. 108, n° 1, Febr. 2003.

LAPA, José Roberto do Amaral. *A cidade:* Os Cantos e os Antros. Campinas 1850-1900. São Paulo: Edusp, 1996.

LARA, Silvia Hunold. "Escravidão, Cidadania e História do Trabalho no Brasil". In: *Projeto História*. São Paulo, n° 16, fev. 1998, p. 25-38.

LEITE, José Correia. ...E disse o velho militante José Correia Leite: depoimentos e artigos (org. Cuti). São Paulo: Secretaria Municipal da Cultura, 1992.

LESSER, Jeffrey, "Legislação imigratória e dissimulação racista no Brasil (1920-1934)". In: *Arché*, vol. 3, n° 8, 1994, p. 79-98

LEVI, Giovani. "*Un problema discala*". In: BOLOGNA, Sergio (et. al.). *Dieci Interventi Sulla Storia Sociale*. Turim: Rosenberg & Sellier, 1981.

LIMA, Herman. *História da Caricatura no Brasil*. Rio de Janeiro: José Olympio, 1963

SILVA, Rosangela de Jesus. "Os Salões Caricaturais de Angelo Agostini". In: *19&20*, Rio de Janeiro, vol. 1, n° 1, mai. 2006. Disponível em: http://www.dezenovevinte.net/criticas/txtcriticas_rosangela.htm. Acesso em: 20 jan. 2012

MACHADO, Maria Helena Pereira de Toledo. *O plano e o pânico, os movimentos sociais na década da abolição*. Rio de Janeiro, Editora UFRJ; São Paulo: Edusp, 1994.

MACIEL, Cleber. *Discriminações raciais: negros em Campinas 1888-1926*. Campinas: Área de publicações/ Centro de memória Unicamp, 1996.

MARTINS, Marcelo Thadeu Quintanilha. *A civilização do delegado*: modernidade, polícia e sociedade em São Paulo nas primeiras décadas da República, 1889-1930. Tese de Doutorado em História Social. São Paulo, FFLCH-USP, 2011.

MARTINS, Robson Luís Machado. *Os caminhos da liberdade - Abolicionista, escravos e senhores na Província do Espírito Santo (1884-1888)*. Campinas: Área de Publicações/Centro de Memória Unicamp, 2005.

MARTINS, Valter. "Policiais e populares: educadores, educandos e a higiene social". *Cad. Cedes*. Campinas, vol. 23, n° 59, p. 79-90, abril 2003. Disponível em: http://www.cedes.unicamp.br. Acesso em: 29/12/2012.

MATTOS, Hebe. *Das cores do silêncio:* os significados da liberdade no Sudeste escravista - Brasil século XIX. Rio de Janeiro, Arquivo Nacional, 1995.

MATTOS, Hebe Maria. "Laços de família e direitos no final da escravidão". In: ALENCASTRO, Luiz Felipe de (org.) *História da vida privada no Brasil*. Vol 2. Império: a corte e a modernidade nacional. São Paulo: Companhia das Letras, 1997.

MEADE, Teresa; PIRIO, Gregory Alonso. "In Search of the Afro-American Eldorado: attempts by North American blacks to enter Brazil in the 1920s". In: *Luso-Brazilian Review*, vol. 25, n° 1, 1988, p. 85-110

MENDONÇA, Joseli Maria Nunes. *Entre a mão e os anéis:* a lei dos sexagenários e os caminhos da abolição no Brasil. Campinas: Editora da Unicamp, 1999.

MIRANDA, Cristiany. *Gerações da Senzala:* famílias e estratégias escravas no contexto dos tráficos africano e interno. Campinas, século XIX. Tese (Doutorado em História), Departamento de História, IFCH-Unicamp, Campinas, 2004.

MIRANDA, Rodrigo. Um Caminho de Suor e letras: A militância negra em Campinas e a construção de uma comunidade Imaginada nas páginas do *Getulino* (Campinas, 1923-1926). Dissertação de Mestrado em História. IFCH-Unicamp, Campinas, 2005.

MOSES, Wilson Jeremiah. *Creative conflict in African American thought:* Frederick Douglass, Alexander Crummell, Booker

T. Washington, W.E.B. Du Bois, and Marcus Garvey. Cambridge: Cambridge University Press, 2004.

NOMELINI, Paula Christina Bin. *Associações operárias mutualistas e recreativas em Campinas, 1906-1930*. Dissertação de Mestrado em História. Campinas, IFCH-Unicamp, 2007.

OLIVEIRA, André Côrtes. *Quem é a "gente negra nacional"?: Frente Negra Brasileira e a Voz da Raça* (1933-1937). Dissertação de Mestrado em História. IFCH-Unicamp, Campinas, 2006.

PACI, Natalia Bronzi. "Os Limites da Liberdade: Possibilidades de inserção social de libertos no município de Mangaratiba--RJ entre 1850-1930". In: *Anais do XXVI simpósio nacional da ANPUH - Associação Nacional de História*. São Paulo, 2011. Disponível em: http://www.snh2011.anpuh.org/site/anaiscomplementares. Acesso em: 10 jun. 2012

PEDRO, Alessandra. *Liberdade sob condição:* Alforrias e política de domínio senhorial em Campinas, 1855-1871. Dissertação de Mestrado em História. IFCH-Unicamp, 2009.

PIROLA, Ricardo Figueiredo. *A conspiração escrava de Campinas, 1832*: rebelião, etnicidade e família. Dissertação de Mestrado em História. IFCH-Unicamp, Campinas, 2005.

REIS, João José. *Rebelião Escrava no Brasil:* A História do Levante dos Malês, 1835. São Paulo: Brasiliense, 1987.

RIBEIRO, Carlos Antonio Costa. *Cor e criminalidade:* estudo e análise da justiça no Rio de Janeiro (1900-1930). Rio de Janeiro: Editora UFRJ, 1995.

RIOS, Ana Maria; MATTOS, Hebe Maria. "A pós-abolição como problema histórico: balanços e perspectivas". In: *Topoi*. Rio de Janeiro, vol. 5, n° 8, jan.-jun., 2004, p. 170-198

RIOS, Ana Lugão; MATTOS, Hebe Maria. *Memórias do Cativeiro:* Família, trabalho e cidadania no pós-abolição. Rio de Janeiro: Civilização Brasileira, 2005.

ROSEMBERG, André. *Polícia, Policiamento e o Policial na Província de São Paulo no final do Império:* a instituição, prática cotidiana e cultura. Tese (Doutorado em História), FFLCH-USP, São Paulo, 2008.

SANTIAGO, Silvana. *Tal Conceição, Conceição de Tal:* Classe, gênero e raça no cotidiano de mulheres pobres no Rio de Janeiro das primeiras décadas republicana. Dissertação de mestrado em História, IFCH-Unicamp, Campinas, 2007.

SANTOS FILHO, Lycurgo de Castro. *A febre amarela em Campinas:* 1889 -1900. Campinas: Área de Publicações/ Centro de Memória Unicamp, 1996.

SCHWARCZ, Lilia Katri Moritz. *Retrato em branco e negro:* jornais, escravos e cidadãos em São Paulo no fim do século XIX. São Paulo: Companhia das Letras, 1987.

SCOTT, Rebeca. *Emancipação Escrava em Cuba:* a transição para o trabalho livre (1860-1899), Rio de Janeiro, Paz e Terra; Campinas: Editora da Unicamp, 1991.

SIEGEL, Micol. *The point of comparison:* transnacional racial construction, Brazil and the United States, 1918-1933. Tese de PhD. New York University, 2001.

SLENES, Robert. "*Malungungoma* vem! África coberta e descoberta no Brasil". In: *Revista da USP*, São Paulo, n° 12, 1991-1992, p. 12-67.

SLENES, Robert Wayne Andrew Slenes. "Senhores e Subalternos no Oeste Paulista". In: ALECANSTRO, Luis Felipe; NOVAES,

Fernando (org.). *História da vida privada no Brasil*, vol. 2. São Paulo: Companhia das Letras, 1997, p. 233-290.

SLENES, Robert Wayne Andrew. *Na Senzala uma flor:* esperanças e recordações na formação da família escrava — Brasil Sudeste, século XIX. Rio de Janeiro: Nova Fronteira, 1999.

SOUZA, Carolina de Lima. *As primeiras experiências do trabalho livre em Campinas no século XIX.* Dissertação de mestrado em História. Campinas, IFCH-Unicamp, 2008.

SOUZA, Luis Antônio Francisco de. *Poder de polícia, Polícia Civil e práticas policiais na cidade de São Paulo* (1889-1930). Tese de Doutorado em História, FFLCH-USP, São Paulo, 1998

SOUZA, Karen Fernanda Rodrigues de. *As cores do traço:* paternalismo, raça e identidade nacional na Semana Illustrada (1860-1876). Dissertação de Mestrado em História. IFCH--Unicamp, Campinas, 2007.

SKIDMORE, Thomas E. *Preto no branco:* raça e nacionalidade no pensamento brasileiro. Rio de Janeiro: Paz e Terra, 1976.

STEIN, Judith. *The world of Marcus Garvey:* race and class in modern society. Baton Rouge: Louisiana State Univ., 1986

TÍEDE, Lívia Maria. *Sob suspeita, negros, pretos e homens de cor em São Paulo no início do século XX.* Dissertação (Mestrado em História), Departamento de História, IFCH-Unicamp, 2006.

THOMPSON, E. P. *Senhores e Caçadores:* a origem da lei negra. Rio de Janeiro: Paz e Terra, 1987.

XAVIER, Regina Célia Lima. *A Conquista da Liberdade:* Libertos em Campinas na segunda metade do século XIX. Campinas: Área de publicações/CMU-Unicamp, 1996.

WEIMER, Rodrigo de Azevedo. *Os nomes da liberdade:* experiências de autonomia e práticas de nomeação em um município da serra rio-grandense nas duas últimas décadas do século XIX. Dissertação (Mestrado em História), UFRGS, Porto Alegres, 2007.

WISSENBACH, Maria Cristina Cortez. *Sonhos Africanos, Vivências Ladinas:* escravos e forros em São Paulo (1850-1880). São Paulo: Hucitec/USP, 1998.

Agradecimentos

Este livro é uma versão revista e ampliada de minha dissertação de mestrado, defendida pelo departamento de História Social da Universidade de São Paulo numa agradável tarde da primavera paulistana.

Seguem alguns agradecimentos às pessoas que, de diversas maneiras, viabilizaram a escrita deste texto. Primeiramente, é mister registrar minha ilimitada gratidão à professora Maria Odila Leite da Silva Dias, minha orientadora, que confiou em meu trabalho desde o processo seletivo, quando ainda não nos conhecíamos pessoalmente e eu só tinha algumas ideias. Ela é um tipo de intelectual raro: ágil de pensamento, figura humana definitivamente irresistível, uma *scholar* no sentido mais nobre do termo.

Registro também meu obrigado aos meus pais, Nivalda e Benedito, e ao meu irmão Vitor, pessoas que sempre me animaram e nunca duvidaram de minhas capacidades, apesar de todas as dificuldades, até quando eu mesmo não aceditava.

Aos amigos que fiz na graduação e na pós: Breno, Caio, Carol, Cunita, Fábio, Guilherme, Gustavo, Isa, Ju, Laura, Lis, Lizandra, Maíra, Marcelo, Pablo, Pavani, Rafa, Raquel, Renata, Roger e Tais.

Agradeço também aos professores que compuseram a banca de defesa: Maria Cristina Cortez Wissembach e Robert Wayne

Andrew Slenes. Seus comentários foram, como de praxe, muito generosos e me fizeram pensar. Ao professor Slenes, também fica registrado meu obrigado pela orientação prestada na graduação, cujas marcas podem ser vistas, em especial no Capítulo II deste livro.

À professora Maria Helena Pereira de Toledo Machado e à professora Silvia Hunold Lara, cujas disciplinas me auxiliaram a fazer a passagem entre ter um tema e ter um problema de pesquisa propriamente dito.

Aos arquivistas do CMU/Unicamp e do AEL, cujos trabalhos foram indispensáveis para a realização desta pesquisa, assim como ao CNPq, que financiou os passos iniciais durante a graduação, e à Fapesp, que me concedeu uma bolsa durante a segunda metade da pesquisa e é quem está generosamente financiando esta publicação. Por fim, à Alameda Editorial pela oportunidade.

Kleber, janeiro de 2013.

Esta obra foi impressa em Porto Alegre pela Impressul no outono de 2016. No texto foi utilizada a fonte Leitura em corpo 10 e entrelinha de 15,5 pontos.